八欲が韓国人を衝き動かす！

日本は歴史の真実を世界に宣明せよ！

金田正二
在日朝鮮人3世帰化人

桜の花出版

まえがき

金田が執筆できないようになってから1年以上が経ちました。

現在の日韓関係は金田が危惧していた通りに過去最悪の状況になっており、韓国に関して金田がブログに書いていた通りに「連邦制による統一」という言葉をよく見掛けるようになってきました。

ＧＳＯＭＩＡ、徴用工、慰安婦といった日韓間の様々な問題や、韓国人を蝕んでいる「南朝鮮型儒教」や北朝鮮の裏工作について金田はどのように考えていたのでしょうか？

今回、「まえがき」を書かせて頂いている私は、金田のブログの管理人をしていました。ここでは仮に4号とさせてください。

私の一族は朝鮮半島からの引き揚げ者であり、この引き揚げの際に一族は〝半減〟しました。

引き揚げの際に、朝鮮人から襲撃に遭い、家財などを奪われ、強姦に遭った者もいれば暴行により命を落とした者もいました。

私の一族は、朝鮮人に恨まれるような仕事ではなく、医師として働いていました。医療費を払えないものにはそれを免除していたり、休診日でも急患があれば診察をしていた事から、朝鮮人から非常に感謝されていた、という当時の日記を亡き祖父から見せられたこともあります。

ところが、敗戦が決まり、日本に引き揚げをしようとした日、朝鮮人は笑顔で送り出してくれたのではなく、暴力と略奪で私の一族を送り出したのです。

私自身は、そのような過去も過ぎた事であると考え、韓国でも書籍を10冊ほど刊行し、専門科目の講座も受け持ってきました。

恐らく、祖父が生きていたらそんな私を勘当するのではないかと思いますが、いつまでも恨みを抱えて生きているのは不幸です。金田から引揚者に対する虐殺についての取材を受けた際に話した時以外にそのような過去を韓国人の友人に語った事は一度もありません。

訴えれば多少の財産は返って来るのかも知れませんが、一番大切な奪われた命、奪われた思い出が返ってくる筈はありません。

多大な時間をかけて謝罪を受け、慰謝料を貰い、何より恨みを強化するよりも、自分の一族が日本人として朝鮮人のために働いてきた事を誇りたいと、私は思います。

金田と私は古い友人とまでは言いませんが、付き合いはそこそこ長かったと思います。

金田はブログを通じて、朝鮮人が嘘の歴史を作っていること、そしてその嘘の歴史を信じている朝鮮人や在日朝鮮人に真実を知って貰いたいと考えていました。

また、太平洋戦争において虐殺をしていたのは日本人ではなく朝鮮人であった事も教えようとしていました。

そして、徴用工という存在が、慰安婦という存在が、朝鮮人の考えているものと正しい歴史が教えてくれるものとは、ほぼ別物であると教えようとしていたのです。


今回、金田の2冊目となるこの本では「朝鮮人が考えている徴用工とはなにか」といった歴史的な問題や日本人の常識では到底理解できない韓国人の常識について、金田が遺したブログ記事を紹介しています。また、読者の方が分かりやすいように記事の一部に金田のブログ管理人たちが説明を加えました。

日韓双方の勘違いや思い違いを少しでも解消できる一助になればこの本を刊行した意義があったと思います。

令和元年十二月吉日

ブログ管理人4号

【註】

※この本はネット上で公開してきたブログを元に加筆・修正して再構成したものです。著者は、日本に帰化し日本国籍を取得していますが、帰化以前のブログの内容も基本的にそのまま掲載していますので、帰化していない旨の表記もあります。

※本書の中で「私たち」というのは、在日朝鮮人同胞や南朝鮮人を指している場合もあれば、広い意味で朝鮮人同胞を指している場合もあります。

※引用した新聞等の記事の多くは、記事の一部を抜粋したものとなっています。また、ソース記事に誤植と思われる個所があった場合でも、原則として元のまま引用しています。

目次

第3章 日本人の常識を超えた「南朝鮮型儒教」

第４章　北朝鮮の思想に洗脳された韓国人

第5章　日本と戦争がしたくてたまらない韓国

第6章　徴用は奴隷のような強制労働の大嘘

第1章　正しい歴史認識で韓国人の嘘を見抜く

韓国人は日本人の墓石を土台にして家を建てた

◆〔ルポ〕旧日本人共同墓地の上につくられた釜山峨嵋洞「碑石文化村」探訪

（2017・4・22 ハンギョレ）

人口350万人の港湾都市釜山（プサン）は、全体面積の70％が険しい山だ。都心も郊外も、山の斜面かその間どこかに形成されている。山が多いため、トンネルも多く、高架道路も多く、急な坂やカーブも数え切れない。中には山腹道路というものもある。山の中腹に沿って作られた複雑で狭い道路だ。最近、釜山（プサン）の名所として浮上した段々畑の形をした山里の庶民村を繋ぐ軸となる道路だ。

日帝強制占領期（日本の植民地時代）には28万人だった釜山市の人口は、光復後36万人に増え、朝鮮戦争当時には100万人近い避難民が釜山に押し寄せたという。山の斜面に沿って仮小屋が建てられ、避難民村が作られた。戦争が終わってから、彼らが去った一部の空家に靴や繊維、縫製工場労働者たちが住み着いた。こうして作られた山里の庶民村が、草梁洞（チョリャンドン）・甘川洞（カムチョンドン）・峨嵋洞（アミドン）など、山腹道路一帯にそのまま残されている。険しく狭い路地に沿って小さな家が軒を連ね、段々畑のように設けられた敷地に横に長い家（いわゆる汽車住宅）が並ぶ。華やかな港湾都市釜山の実像であり、力強く生きてきた庶民の生活が成り立っているところだ。古く、みすぼらしかったこれらの村が今や旅行客たちが先を争って訪れる名所となった。黙々と重ねてきた歳月からの贈り物だ。

碑石文化村の中心は峨嵋洞サン19番地だ。曲がりくねった道に沿って上っていき、展望台の役割をする道の横に立てば、高層ビルがひしめく釜山市内が見渡せる。避難先の臨時首都だった時代、「不純分子」を見つけるための厳しい検問の手続きを経て、テント一枚を受け取った避難民たちが定住したのが、まさに峨嵋洞サン19番地、日本人共同墓地だった。1876年の釜山開港で日本人が集まり、龍頭山（ヨンドゥサン）のふもとに日本人村が形成されたが、日本人の居住地が拡大するにつれ、龍頭山・伏兵山（ポクビョンサン）にあった共同墓地が1907年、ここに移された。

峨嵋洞には生きた人に住む場所を譲ってくれた日本人死者たちの魂を慰めるところもある。半月峠の下にあるテソン寺だ。峨嵋洞から出た碑石の一部を集めて塔のように積み上げ、毎年中元（旧暦7月15日）に慰霊祭を開いている。

先に書きますが、ここは改葬などをして死者に対する礼を尽くして作られた地域ではありません。墓石を倒し、墓を暴き、骨壺を破壊し、そして骨をばら撒き、墓石を土台として家を、石垣を作って、形成された地域です。「生きた人に住む場所を譲って」ではなく、「死者の住む場所を略奪」したのです。

このルポの写真（参照　http://japan.hani.co.kr/arti/politics/27143.html）を見れば、左派新聞ハンギョレの書いている内容と金田が言っていることのどちらが正しいか分かると思います。

今更、慰霊祭を開いて亡くなった方々の魂が戻る場所ができる訳でもなく、というより、ここに埋葬された遺族の少なからずが終戦時に虐殺され、強制的に無縁仏にされたのですから、それこそ私たちの考えでいうなら恨み骨髄に徹すると言っても過言ではないでしょう。

要するに、戦後、私たちは日本人から財産だけでなく、血や家系などといった財産以上に大切なものまでも奪ったのですね。

ただ、過去の私たちが異常だ！と断罪するだけではこの記事は終わりません。その異常さは少し形を変えて、よりバケモノのような人間性へと変貌しているのです。

墓石を土台にして家を建てる。金田もこの話を初めて聞いた時はあり得ないと思いました。私たちは「祖先を大切にする儒教の国の民族であり、日本人とは違い崇高な民族である」と、事あるごとに聞かされました。大学（南朝鮮の）でも、民団の会合でもそうだったのです。

金田が若い時、ソウルで知り合った日本人が酒の場で「南朝鮮人は日本人の墓石を土台に家を作るような野蛮な奴らだ！」と言うのを聞いて、頭に血がのぼり、いわゆる火病《ファビョン》の状態になって激論を交わしました。そこで論より証拠だと言って、その日本人に連れて来られて見に来たら、実際に墓石の上に家が建っていたのです。（参照サイトの）写真から分かりますよね。

恥ずかしさと、申し訳なさと、私たちの戦後史の嘘を突きつけられた感じがし、それも、南朝鮮の呪縛から解かれる切っ掛けの一つとなったのです。

あれから40年弱。

今も変わらず、日本人の墓を足に生活し続ける私たち。戦後、日本人から奪うことだけを考え続けた私たちは、人間の尊厳というものを忘れてしまったようで、戦後70年経っても、未だに日本人を陵辱し続けています。バケモノになったとしか言いようがないですね。

釜山が現在の活力のない状態になったのは、バケモノとなり、人としての生活が送れなくなった事によって引き起こされた、必然なのかも知れません。

（韓国人は日本人の墓を暴いて、墓石を土台にして家を建てた　2017・4・24）

―実はこの記事、当初、金田は取り上げる積もりはなく、別の記事を取り上げる予定だったそうです。

それにも拘わらず、ブログ記事にしたのは、私（管理人4号）との会話が関係していました。

今回、複数の人でコメントを書かせて貰っているのですが、まえがきを書かせていただいた私の一族は、朝鮮半島の幾つかの地域に住んでおりました。当然の事ながら、この釜山にも住んでおり墓地もありました。

このハンギョレの記事が出る前に、私はこの土地を訪れていたのですが、その際に、私の一族の墓石を偶然にも見つける事ができたのです。

私は手を合わせ、この墓地に眠っていたであろう一族の霊が安寧の中眠りにつけますよう祈っていたところ、一人の男が「この墓に何かあるのか」と話しかけてきたのです。「これは私の一族の墓である」と説明すると、その男から「1000万ウォンで譲ってあげよう」と驚きの提案がありました。墓石を土台にしただけでなく、それを遺族に売り付けよう、というのです。当然の事ながら断ったのですが、するとその男は「日本人のくせにケチだ」と言いながらその墓石を蹴ったのです。

たまたま、このハンギョレの記事が流れた際に金田にその話をしたのがきっかけとなり、この記事を取り上げる事になったのだそうです。

韓国人が旭日旗を嫌うのは日本への「嫉妬」

◆日本人たちはなぜ旭日旗を打ち振るのか（2013・8・15 ハンギョレ）

15日で我が国が日本から解放されて68周年をむかえることになるが、韓―日関係はともすれば荒波に巻きこまれたりしている。最近、韓―日間に浮上した新しいイシューはいわゆる〝旭日旗論争〟だ。韓国では旭日旗を〝戦犯旗〟と規定して、日本に使用の自制を要求しているが、日本では国旗である日章旗と違うところのない自国の象徴として、絶対に応じられないという立場を明らかにしている。

旭日旗が両国間に敏感な懸案として浮上したのはきわめて最近のことだ。昨年8月ロンドンオリンピック男子サッカー銅メダル決定戦で、パク・ジョンウ選手が日本を破った後「独島（トクト）は我が領土」と書かれた紙を持ってセレモニーをしたことが契機であった。これに対して国際オリンピック委員会（IOC）がパク選手の行動を〝競技場では許されない政治的行為〟と指摘して懲戒方針を明らかにし、韓国ネチズンたちが日本体操選手たちのユニフォームに旭日期の図柄が使われていることを問題にして反撃に出た。

言うまでもなく、韓国は日本に併合され一つの国でした。また、私たちの祖先たちは血判まで提出して、日本の軍人として働きたいと願い、多くの朝鮮人が日本軍として、日章旗（日の丸）の下、戦地へと向かったのです。彼ら朝鮮人日本軍にとって、日章旗・旭日旗は誇りであり、そして、希望だったのです。

また朝鮮戦争時、日本軍経験者は、この日章旗を旗印に一つの師団を作り、圧倒的不利だった韓国軍を38度線まで戦線を押し戻す原動力になったことも忘れてはいけません。

私たちの国の礎を作った世代は、この日章旗に勇気づけられて、戦火を潜り抜け、経済を発展させてきたのです。ですから、多くの80歳代以上の高齢者は日本統治時代は良かった、と言うのです。私の祖父も、父も、韓国に住んでいる叔父たちも、みな同じように話すのは、それだけ日本統治は平等で生活しやすい環境だったということです。

それではなぜ、今の韓国人は旭日旗に異常な反応を示すのでしょうか？

私は〝嫉妬〟が大きく関係していると思うのです。

一つの国になって共に大東亜共栄圏を作ろうとした間柄にも拘わらず、日本は世界に経済大国となって羽ばたいていった。その間に韓国は元々の残虐性と嘘をつく性質がたたり内戦に突入し、国力は一気に落ち込み、長い経済暗黒時代を作り上げてしまったのです。

はっきり申して、自業自得です。隣で繁栄を謳歌しているのを横目でにらみつけながら、いつしか日本を叩き潰してやる、という嫉妬が国中を包み込むようになったのです。そのシンボルとして、かつて朝鮮人の誇りであった旭日旗がやり玉にあがることになったのです。

韓国はいつから旭日旗に対していちゃもんを付けるようになりましたか?

自衛隊発足当時からですか?

それとも日韓サッカーワールドカップの時にも問題視しましたか?

記録に残っているのは2011年1月が一番古い。韓国の経済が三度傾き始めてからです。日本はバブルがはじけても韓国が抜くこともできないほどの経済大国。その日本に再び離されそうになったからこそ、こんな子供じみたいちゃもんを言い始めたのではないですか。

(韓国人はなぜ旭日旗を嫌うのか　2014・7・9)

――韓国人たちは旭日旗は当時の日本軍を象徴するもの、と言いますが、これは当時の日本軍についての知識不足が大きく関係しているのでしょう。

終戦まで、日本陸軍の軍旗の竿頭《かんとう》や同海軍の軍艦艦首には十六八重表菊、いわゆる「菊の御紋」が取り付けられていました。これは、旭日旗よりもシンボルとしては上位のものである事は言うまでもありません。その菊に関して彼らの考えを見てみたいと思いますが、韓国版wikiの「菊」のページには「現日本の警察と旧日本軍の象徴も菊に基づいている」と書かれており、しかも最近までは「桜よりもむしろ軍国主義の象徴性がより強い」(https://namu.wiki/w/국화)とさえ書かれており、以前は菊は軍国主義のシンボルと考えていた人が一定以上いたようです。ですが、2019年12月現在、この「桜よりもむしろ軍国主義の象徴性がより強い」には修正線が入れられており、朝鮮各紙はそういった主張がなされておらず、彼らは「菊の御紋」を戦争のシンボルとは考えていない事が分かります。

では、旭日旗よりも上位の「菊の御紋」も戦争シンボル旗でなければ、日本では何が「ハーケンクロイツ」に相当するものなのでしょうか。

ヨーロッパで嫌悪されているシンボル、「ハーケンクロイツ」は国家社会主義ドイツ労働者党、いわゆるナチス党の党旗をドイツ国旗としたもので、アーリア人至上主義などのシンボル旗としても機能していました。それ故にハーケンクロイツは戦争のシンボル旗となりました。

同様に日本において思想旗・党旗と知られているのが大政翼賛会の党旗ですが、これは日本国旗になった事実はありません。日章旗だけではなく旭日旗も同様に戦争へと突き進んだ思想旗となった事実はなく、もし、ハーケンクロイツと同様のもの、と考えるのならこの大政翼賛会の党旗がそれに該当するでしょう。

これさえ知っていれば、彼らが言う「旭日旗の下、戦争が行われていた」というのは史実に全く則さない誤りである事が分かるのです。

「日本に文化を伝えたのは朝鮮だ!」の嘘八百

韓国人が勘違いしている内容について書いていきたいと思います。

韓国人が教わる歴史は、なぜだか日本に関する内容が多いという特徴があります。

教科書のページ数でいうと、統治時代だけでも50ページ、その他、秀吉関係や、朝鮮が日本に文化を伝えたなどを含めると教科書の３割は日本関係のように思います。

以前、日本史の教科書を読んでみましたが、韓国に関する記事はそれこそ数ページ。自国の歴史を教えようとするのは日本に軍配が上がると思います。

簡単に書きましたが、日本建国以来、朝鮮から日本は何一つ学んだものはありませんでした。

ここは日本の教科書も正しいことは書いていません。

もちろん、韓国の教科書はこの辺りは日本以上に酷《ひど》く、本当は何一つ教えていないにも拘わらず、「日本に文化を伝えたのは朝鮮だ！」と自慢げに書かれています。

これらは少しの事実に多くの嘘を含めた内容だったのです。

歴史的に、６世紀頃、新羅と百済は日本に朝貢していた属国でした。

高句麗もまた、隋建国によって日本に使者を送っています。

日本は７世紀になると遣隋使を派遣し、渡来文化を取り入れます。

もちろん、この渡来文化は新羅の朝鮮族の文化ではなく、当時の漢民族（現在の漢民族とは違います）やツングース民族から伝えられた文化のことです。

8世紀になると新羅は唐と結託して百済を滅ぼすのですが、この新羅が現代でいう朝鮮族となります。

新羅はこの頃も唐と日本に対して二重に朝貢しており、新羅人を日本は非常に低く見て帰化することを一切認めていませんでした。

そういった面では当時の日本は現代よりも賢かったのですね。

（在日の私が言うのもおこがましいですが）

韓国人が言う、日本に文化を教えていた時期は、正しくは日本の属国でしたから、日本が新羅に文化を教えていました。

その後、高麗、李氏朝鮮へと移行していき、公式面では日本とは没交渉となりましたが、日本からの技術を得るために、交易を通して文化の移入を行っていました。

例えば、16世紀の英雄とされる李舜臣。

彼は豊臣軍を退けた抗日の英雄として、非常に人気のある歴史上の人物の一人です。

実際は、豊臣秀吉の死により、軍を撤退したに過ぎないのですが、韓国では、戦争で日本軍を破った、ことになっています。

秀吉の死があと2年遅ければ朝鮮半島は完全に征服されていたことでしょう。


それはさておき、英雄、李舜臣の愛刀「雙環大刀《サンハンテド》」。

これって日本刀だったってご存知でしょうか。

何せ、当時の朝鮮刀は短くて飾りにしかならなかったからです。

争っていたはずの日本から文化を取り入れていた証拠の一つになります。

そんな李舜臣も最後には日本の銃弾によって死を迎えることになるのは歴史って皮肉ですね。


以上のことから、朝鮮半島を通して渡来文化を取り入れた日本ですが、この渡来文化というのは朝鮮人の文化ではなく、朝鮮は単にルート上に存在したに過ぎません。

韓国（新羅、高麗、李氏朝鮮含め）が日本に文化を教えたことは一度もなく、反対に朝鮮は有史より日本の属国で、日本から文化を取り入れていたのです。

（日本は大和朝廷の頃から韓国に文化を伝えていた　2014・7・15）

—朝鮮人は、「朝鮮は日本に文明を教えてきた兄のような国」とよく言います。例えば、日本の主食である米すらも、朝鮮人は朝鮮半島経由で教えた、と言います。

これに関して農林水産省は消費者の部屋にて『お米が日本に入ってきたルートをおしえてください』というページ（http://www.maff.go.jp/j/heya/kodomo_sodan/0004/06.html）を設けて以下のように答えています。

「米（稲）の伝来ルートは

1・朝鮮半島経由

2・台湾・沖縄経由

3・中国大陸から直接

という3つの学説があります。このうち、中国大陸から直接伝来したという学説がいちばん有力です」

なぜ、朝鮮半島経由が有力ではないかと言うと、答は簡単で生物としてイネを見た場合、稲作に向いていない「朝鮮半島北部を経由したとは考えにくい（日本醸造協会誌　佐藤洋一郎　1992年87巻10号 p.732-738）」からです。

『魏志倭人伝』に出てくる華北・山東ルートは朝鮮半島沖を通過するものであり、遣隋使もまたこのルートを使用していました。

文明度の低い朝鮮から知識を得るより、少し足を伸ばして中国から直接知識を得ようとした、というのが正しい歴史認識と言えます。

事後法で裁かれたA級戦犯は条約に則り赦免されている

◆日本の戦犯、「A級」を強調するのはなぜ？（2014・8・29 chosun.com）

日本の首相の靖国神社参拝を批判する際、韓国内外のメディアは「靖国神社はA級戦犯を祭っている施設だから」という。戦犯参拝が問題というのは分かるが、あえて「A級」を強調する理由は何か。

終戦後、戦勝国が「極東国際軍事裁判所条例」に基づいて分類した日本の戦犯には、A級・B級・C級の3種類があった。A級は侵略戦争を計画または指導した者、B級は捕虜・住民を虐殺・虐待した責任者、C級はB級戦争犯罪の実行犯に当たる（原文ママ）。

A級戦犯を問題視するのは、A級戦犯が戦争指導者だからだ。しかし、もっと重要な理由もある。

B・C級戦犯の裁判は、具体的な犯罪に対する断罪だった。民間人に対する犯罪は、従来から国際法で許されていなかった。しかし、A級戦犯に適用された「侵略戦争の計画・指導」は、太平洋戦争前の国際法にはなかったもの。当時の戦勝国は、これを「平和に対する罪」と呼んだ。従来は、B・C級に該当する非人道犯罪の責任を問い、戦争責任者を処罰するだけで、戦争を起こしたこと自体を容疑に含めることはなかった。戦争そのものの正当性を否定し、戦争を紛争解決の手段から除外しようという、当時の戦後平和哲学が反映されたのだ。このため、A級戦犯は太平洋戦争の不当性を象徴する存在だ。

戦後の日本は、A級戦犯28人を起訴して7人を死刑にした東京裁判の結果を受け入れ、これを条件として、1952年に独立を回復した。また、裁判を受け入れた代わりに、第1次大戦で敗戦国が抱え込んだ天文学的な賠償責任を回避し、日本は経済大国へと再浮上した。今になってA級戦犯を擁護するのは、甘い汁を吸っておいて約束を破るという、卑劣な歴史背信行為になりかねないのだ。

南朝鮮人は二つの意味で恣意的にウソを書いているか不勉強か。

１・日本は事後法によって裁かれＡ級戦犯が決められた
２・サンフランシスコ講和条約に則り戦犯がいなくなった
という事実を書いていません。

もちろん、「第1次大戦で敗戦国が抱え込んだ天文学的な賠償責任を回避」だなんて、日本が第一次世界大戦で敗戦したというのは初耳ですし、太平洋戦争では、南朝鮮は戦勝国でもないのに、戦勝国以上の１００兆円という巨額の金品をせしめたのですから何を書いているのでしょうか。
ちなみに原文でも第一次世界大戦と書いてあるので、翻訳ミスではないようです。
それでは本題に。

＞１・日本は事後法によって裁かれＡ級戦犯が決められた
いわゆる東京裁判は強制的に飲まされた、国際法上も問題のあるポツダム宣言に基づき行われました。宣言の第10項にある「一切の戦争犯罪人に対して厳重なる処罰を加える」というものが裁判の根拠となったわけです。
本来、戦争犯罪は誰が決めるか。それは最大の被害者である国民が決めることであって、アメリカやソ連が決められるものではないはずですが、この項目を盾に「平和に対する罪」によりA級戦犯を決めたわけです。
この「平和に対する罪」というものはロンドン協定により定められたものです。この協定は戦勝国が行った戦争犯罪一切を裁かない（裁かれない）ようにするためのものですが、この協定は1945年8月8日に結ばれたものです。ですが、東京裁判の根拠となったポツダム宣言は1945年の7月26日。
そうです。東京裁判に事後法であるロンドン協定が入り込むこと自体が国際法上許されるものではなく、そこで裁かれたA級戦犯という概念自体が無効なのです。

＞2・サンフランシスコ講和条約に則り戦犯がいなくなった

国際法上無効な裁判によって決められてしまったA級戦犯。この戦犯の名誉回復についてサンフランシスコ講和条約では次のように規定されています。

第十一条　日本国は、極東国際軍事裁判所並びに日本国内及び国外の他の連合国戦争犯罪法廷の裁判を受諾し、且つ、日本国で拘禁されている日本国民にこれらの法廷が課した刑を執行するものとする。これらの拘禁されている者を赦免し、減刑し、及び仮出獄させる権限は、各事件について刑を課した一又は二以上の政府の決定及び日本国の勧告に基くの外、行使することができない。極東国際軍事裁判所が刑を宣告した者については、この権限は、裁判所に代表者を出した政府の過半数の決定及び日本国の勧告に基く場合の外、行使することができない。

要するに、不法な東京裁判を行った国の半数を超える国の同意があれば、戦犯を「赦免」できるという条項です。当時、東京裁判について批判的な意見が出ていたこともあり、設けられた項目ですが、こんな事ができるはずもないだろうという内容でしたですが、日本は裁判実施国に働きかけ、1956年3月に「A級戦犯」の赦免、1958年にはB級とC級戦犯の赦免を勝ち得たのです。

以上のことから、南朝鮮紙の言うA級戦犯は無効な裁判により決められ、しかも、条約に則り赦免されている方たちなのですから、戦犯ということ自体が、それこそ名誉毀損なのですよ。

（A級戦犯は存在しない　2014・9・1）

韓国が垂れ流す「A級戦犯の靖國神社合祀」の嘘

◆「戦犯を祭る神社に参拝することは人類史的次元で犯罪」（2014・11・5 朝鮮日報）

韓国学術協議会・大宇財団・朝鮮日報社は、大阪大学名誉教授の子安宣邦氏（81）を韓国へ招き、「東アジアと普遍主義の可能性」をテーマに第15回碩学（せきがく）連続講座を開催する。子安名誉教授は日本思想史研究に深く携わってきた研究者で、日本の政治家の靖国神社参拝に反対してきた良心的知識人でもある。今月7日にソウルのアート・ソンジェ・センターで開かれる公開講演に先立ち、子安名誉教授は韓国放送通信大学のカン・サンギュ教授（日本学科）と対談を行った。

残念です。

81歳になっても、いえ、戦争を知っている世代なはずなのに事実を知らずにウソを垂れ流す片棒を担ぐなんて。

繰り返して書きますが、靖國神社には戦犯は合祀されていません。どうして南朝鮮や一部の反日思想家は事実を捻じ曲げようとするのでしょうか。

南朝鮮では犯罪者は一定の地位を得られるお国柄です。犯罪を行ってまでウリに貢献したというのは〝賞賛〟に値するという、国際社会ではなかなか見られない考え方です。だからこそ、清廉潔白な議員よりも前科持ちの議員の方が力を持っていたりします。日本は私たちとは違うのです。犯罪者は表舞台から消えますし、前科者は帰化できない国なのです。

靖國神社に合祀された方々は、日本の国のために働き、連合国の国際法を無視した裁きを受け罪人という汚名を被せられたに過ぎません。だからこそ、国民が一丸となり、サンフランシスコ講和条約第11条に則り全員が赦免されているのです。

国際法上、靖國神社には戦犯は合祀されていないのは戦勝国側から見ても確かなことなんですよ。

その靖國神社に参拝することのどこに問題があるのでしょう。どう解釈すれば人類的次元の犯罪（これの意味も分かりませんが…）となるのか、一切書いていないですよね。

ちなみに、この5年分の朝鮮日報を精査したのですが、一度も赦免された事は書かれていませんでした。やはり、ウソを突き通すには不利な事実、ということですね。

（「戦犯を祭る神社」って日本にありましたっけ？　2014・11・5）

関東大震災の時、朝鮮人は同時多発テロを起こしていた

◆関東大震災時の朝鮮人虐殺名簿　第1次検証結果発表＝韓国（2015・1・18　朝鮮日報）

【ソウル聯合ニュース】関東大震災（1923年9月1日）当時に発生した朝鮮人虐殺事件の犠牲者名簿を韓国政府が検証した初の結果が18日公表された。政府は検証結果が今後、日本政府に真相究明を要求する根拠になるとみている。

昨年1年間で34人について調査した結果、21人が犠牲者と確認された。12人については追加調査が必要として結論が保留され、1人は無関係との結論が出された。

関東大震災当時、日本軍や警察、自警団などにより虐殺された朝鮮人は6000人とされており、名簿に収録された犠牲者数とはかけ離れている。ただ、政府が作成した文書という点で意味が大きい。

関東大震災の際、朝鮮人は同時多発テロを引き起こしました。

どれほど、朝鮮人のテロが酷かったか。

これは大正12年9月4日付けの新愛知新聞に詳しく書いてあるのですが、横浜の暴動

により、日本の歩兵一個小隊（数十人）が全滅するほどの規模でテロが起き、関東大震災の時に起きたあの大火災は、恐らく朝鮮人の放火によるものと分かっています。

こういった新聞記事は多数あり、朝鮮人が同時多発的にテロを起こし、混乱に乗じて略奪、強姦を起こしました。

ところが、日本の当局はこの事実の公表を遅らせました。なぜなら国内の混乱を広げる可能性があったからです。

大正12年10月21日の読売新聞には、次のような記事の見出しが掲載されています。

震災の混乱に乗じ鮮人の行った凶暴
掠奪－放火－凶器－爆弾毒薬携帯
中には婦人凌辱もある
但し一般鮮人は順良－司法当局談

この記事の詳細にもあるように、「当局が新聞記事を差し止めた」のです。

朝鮮人に対する憎しみを増強させることを避け、早期に混乱を収めたかったからです。

これは非常に賢明な対応でしたが、残念ながら、それを逆手にとって「日本が虐殺した」

と言っているのです。

関東大震災時の同時多発テロによって失われた日本人の命は数万人。

同時多発テロを起こした朝鮮人は、日本側の自警団と戦って双方死者が出ていることも分かっていますが、その死者も南朝鮮政府は虐殺名簿に載せているようです。

加害者側の人間が、よくも「虐殺」と言えるものかとあきれてしまうのと同時に、日本の被害者の方に本当に、本当に申し訳なく思います。

この残虐な行為を、同時多発テロという事実を南朝鮮政府はどう伝えるのか。

日本に謝罪と賠償をするのか。

歴史を歪曲せず、被害者感情を考えた対応を同胞としてお願いしたいのですが…。

（関東大震災、朝鮮人は同時多発テロを起こしていた　2015・1・18）

世界へ旭日旗＝戦犯旗のイメージを刷り込んでいく

ソルラル（韓国の旧正月）に親戚たちと〝和やか〟に激論を交わしてきました。

彼らも毎年のことなんで、どう金田を打ち負かすかタッグを組んできていたんですね。

いやぁ、準備しておいて良かった…。今年は事前に何について話すか決めてあったんですね。

旭日旗と慰安婦、そして竹島。やはり、今一番ホットな反日対象ですからね。

実は、旭日旗については、かなりアッサリとこちらの主張を認めたんですね。

彼らは「今は旭日旗は戦犯旗ではない。だが、10年後には戦犯旗になっているよ」と言うんですね。それには金田も同意します。

元々、戦犯旗と言い出したのは２０１１年１月。それ以前は全く問題視していなかった。これも彼らは同意。というより、今も多くの南朝鮮人は問題にしていない。

戦争の時に掲げていたのは事実だが、その時多くの朝鮮人は旭日旗に憧れ、兵隊に志願していたからねぇ、って。

おいおい、去年までと随分違うじゃないか（笑）。

去年までは強制的に兵士として駆り出されたって言っていなかったっけ？
やはり血判状のコピーを置いていったのが効いたのかな。

ただ、南朝鮮人は今後、繰り返し、世界に戦犯旗と言い続けることで、旭日旗に戦犯旗のイメージを刷り込んでいく、と言います。これは半ば成功しつつある。

このやり方は、中年以降にとってはやはり汚く見えるけど、今は〝反日無罪〟だから、と。反日を唱えていればイメージアップになるから、これも仕方がないっていう考え。

若い子らは純粋に旭日旗＝戦犯旗と思っていますね。

日本もここらでしっかりと国を挙げて対処しないと、本当に10年後には旭日旗は戦犯旗になっていて使えなくなってしまいますよ。

ということで、ここは成功率90％というところでしょうか。10％は南朝鮮の長期戦にやられている部分ですね。

話は大極旗にも及びました。

大極旗が属国旗であるということは、漢字世代は知っている人が多いですね。若い世代でも、イルベ（韓国の総合掲示板サイト）とかに入り浸る子は結構知っている。そして、大虐殺旗である事も。まぁ、うちの一族にも虐殺された人がいるから、これには異論を挟む人はいないですけどね。ただ、人数には驚いていましたが。

太平洋戦争で亡くなった人とは比較にならないほど多くの一般市民が虐殺されたんですよね。朝鮮戦争で亡くなった南朝鮮軍兵士は20万人、北朝鮮軍兵士は29万人。一般市民が４００万人。太平洋戦争では従軍など含め20万人の犠牲ですから22倍以上。

特に話を聞いていた若い子たちはショックを隠せなかったようで、「もう大極旗を振れないよ」という言葉が印象的でした。

統治時代は全否定。

これに異を唱えるのは親日罪。

そうやって、反日材料を増やし、世代ごと洗脳、というやり方を私たちは目の当たりにしているのです。

（旭日旗は戦犯旗ではない、が…　２０１５・２・25）

日韓代表の親族会議、慰安婦議論で打ち勝つ

慰安婦問題は本当に世代間のズレがありますよね。親戚の話の前にDailyNK（2006・12・5）の記事から抜粋を。

1）慰安婦奉仕団体、両機関は、慰安婦を利用して、国内外から募金を集めても、自分たちの名誉を上げるために働き、募金したお金を分配しない。

2）数少ないおばあちゃんをならず者にして国際的な恥さらしをさせてる。私たちはお金ではなく名誉を望んでいるんだ。私たちを利用して、国際募金をすることは私達を二重に侮辱する行為だ。

〝앵벌이〟（ならず者）というちょっと汚い言葉まで出てきましたが、この両機関というのは記事中では挺対協（挺身隊問題対策協議会《ていしんたい》）と政府、という意味で使用されています。

もう10年近く前から、慰安婦ハルモニ（おばあさん）の中からは「道具」扱いされて

いる事に対しての不満が出ているんですね。アジア女性基金からの５万ドルも受け取りを拒否するように圧力をかけたり。それ以降、挺対協が５万ドルを超える金額を慰安婦ハルモニに渡している、という記事を読んだことがない。そう、南朝鮮ではこの挺対協に対しては日本以上にブラックな面を感じているんじゃないかな。

で、結局のところ慰安婦ってなんなのでしょうか。

「慰安婦というのは妓生（キーセン）だよ。
南朝鮮の慰安婦はただの売春宿の売春婦であり、女性を集めたのも、売春宿の運営も、全て南朝鮮の女衒《ぜげん》のやったことさ。唯一、他の売春宿との違いがあるとしたら、お客さんの多くが日本の軍人だったただけのこと」

これは大叔母の言葉です。

南朝鮮では売春宿は日常の風景でした。正直なところ、売春婦が族譜に一人もいないなんて恐らくありえない。私のところにもいますよ。米軍慰安婦。ですから、朝日新聞が騒ぐ前は南朝鮮で従軍慰安婦が問題になることはほぼなかったんですね。

火のないところに無理やり大火を起こしたのが慰安婦問題。だから、粗さがあるんですよ。いろんな所にね。

彼らとやり合った日、親戚たちは慰安婦の証言をたっぷり用意していました。南朝鮮では声が大きい＝正しい認識、と思っているので、証言が大量にあるのだから正しい、という認識なんですね。特に中年の年代はそんな感じ。

私が用意したのは、歴史年表と日本の軍隊についての資料。ということで、彼らと共同の検証作業ですね。有名なハルモニほど証言回数が多く、しかも言っている内容がコロコロ変わる。こういった証言ほど、都合の良いように編纂《へんさん》したがる傾向にあるんですね。で、そういった編纂をさせてから彼ら自身に検証させても、正直信用に値する証言でない事が分かるんですよ。彼らにも。

もちろん、「高齢なんだから記憶も前後するだろうさ」という声も上がるけど、それには90代の叔父叔母が反論する。記憶のはっきりした高齢者からは、ほぼ全ての慰安婦の証言がおかしいというのはあり得ない、とフォローしてくれたのも大きかった。

そして「日本軍による強制連行」という慰安婦とセットのように喧伝されていることが証言には出てこない。これについては若い世代が驚くんですよね。若い世代は「日本軍が女性を強制的に連行して慰安婦にした」と生まれた時から聞いているんですから。ただ、正直、自分から慰安婦ハルモニの証言を進んで聞こうとはしないんですね。そう、メディアの影響が強いんですね。

最終的には、慰安婦ハルモニの証言は疑わしい、というところで落ち着いたんですね。その上、金銭的賠償問題も〝南朝鮮〟側が妨害をし、お金を十分に支払っていないことが上記の記事からも理解してもらえた。20代の甥っ子のセリフで最後を締めたいのですが、

「もうこれって国内だけの問題じゃないか」

これに気づいてもらえただけで、金田は討論して本当に良かったと思います。ただ、一般の南朝鮮人は自分から調べようとはしないので、考えを修正するのは難しいですけどね。

（慰安婦問題は正しい資料があれば韓国人でも修正できる　2015・3・24）

今のままでは、200年後、慰安婦の強制性は史実となる

◆韓国国定歴史教科書の編纂基準公開　独島領有権記述など強化（2016・11・26 朝鮮日報）

【ソウル聯合ニュース】韓国教育部が25日、国定歴史教科書の編纂基準を公開した。教科書執筆時の留意事項などをまとめたガイドラインで、28日に公開される国定教科書の見本本の記述内容を予想することができる資料となっている。

教育部は編纂基準で、「歴史的な事実を間違うことなく叙述するために学界の**最新の学説**を忠実に紹介しなければならず、偏向がないように叙述しなければならない」との原則を示した。

最も大きな論争を巻き起こしていた韓国の建国時期と関連しては、1948年を従来の「大韓民国政府樹立」ではなく、「大韓民国樹立」とした。1948年を韓国樹立とし、1919年の日本による植民地時代の臨時政府は排除したとの批判が出そうだ。

1961年5月16日の軍事クーデターについては、「軍事政変」という表現を使った。

独島については、日本の領有権主張の不当性や日本の歴史歪曲（わいきょく）の実態と問題点などを指摘し、韓国の固有領土であり、**紛争地域ではないことを明確にする**方針

を明らかにした。

また、旧日本軍の慰安婦問題に関しては、「戦時体制下で日帝が展開した抑圧政策を徴用、徴兵、日本軍『慰安婦』の強制動員などの事例を調査し把握する」とした達成基準（中学校）に基づき、慰安婦が**日本官憲の関与のもと、強制的に連行された事例**を中心に内容を構成することを編纂の留意点として示した。

過去にも紹介させていただいている言葉があります。それは、Ｅ・Ｈ・カーの『歴史とは何か』に書かれている、「歴史とは歴史家と事実との間の相互作用の不断の過程であり、現在と過去との間の尽きることを知らぬ対話である」というものです。

元々、現代の感覚では極左だった金田は、日本をどう効率よく非難するかを考え、南朝鮮近代史を大学時代には専攻していました。大学を卒業して以降も働きながらもその道の専門家にも教えを請い、そして独自に史料を集めたりもしてきましたが、結果として、日本側の主張を覆すどころか、南朝鮮側の主張の異常さが際立っていくのです。

その異常さが際立つ理由の一つは、外国の歴史家と南朝鮮の歴史家が、根本的に史料をどう読むかという点で違っていることにあります。

基本、歴史とはその時代の支配者に都合の良い歴史が描かれるものです。残されている複数の史料に同様の記載が残されていれば、歴史家はその記載を真史であると仮定します。また、他の史料を読み込むことで、支配者によるバイアスがかかっているのかどうか、その記載の真実性を見極めていく事で学説が作られていきます。

ところが、南朝鮮の歴史家は、自分の考えを裏付ける史料のみを引き合いに出し、もしくは、解釈を変え、時には捏造することで、学説を作り出します。そして、声が大きければ、それが有力学説となっていく。歴史は作り変わる。変える、ではなく、歴史家が自らの手で歴史にバイアスをかけ、将来的に歴史を変えていこうとしています。

慰安婦の強制性は、現在はそれを裏付ける史料は何一つありません。ですが200年後どうなっているか。現在の学説やそれに関する論文がわんさかと出てくることになる。そう、200年後には慰安婦の強制性は史実となるのです。それが南朝鮮歴史家の狙いなのですね。

ちなみに、ニュースの太文字にした箇所、金田が知りうる根拠・史料などはありません。特に「（南朝鮮人女性が）強制的に連行された事例」は現在、一例もありません。公開されている元慰安婦の証言を全て調査しましたけど、強制連行の事例は「0」。どんな事例が出てくるか楽しみですが、またまた教科書に捏造史を掲載するのでしょうね。

（捏造史を掲載満々の韓国歴史教科書　2016・11・27）

在日として思う「中韓にもう謝罪も補償もいらない」

◆韓国経済、日本型長期不振の可能性…経済成長率1％に低下へ（2015・4　13朝鮮日報）

韓国経済が日本のような長期不振に直面するという指摘が提起された。

韓国産業研究院（KIET）が13日に公開した「韓国経済の日本型長期不振の可能性検討」報告書によれば「日本経済の長期停滞は大型バブル崩壊後の貸借対照表型不況、政府の政策対応の失敗、人口減少、内需不振とデフレーションなどが複合的に作用した結果」としてこのように明らかにした。

報告書は「韓国は日本と20年ほどの時差で生産年齢人口と総人口がそれぞれ2017

年と2030年頃に減少傾向に転換すると予想される」として「経済成長率は2010年代後半には2％台、2020年代には1％台に下がるだろう」と見通した。

「特に生産年齢人口の減少と家計負債調整が同時に進む可能性が低くないという点で、悪影響の増幅の可能性もある」と明らかにした。したがって家計負債リスクの綿密な管理と低出産・高齢化問題に対するより一層積極的な対応、内需活性化の努力などが必要だと強調した。

日本がどうして成長が抑えられてしまったか。

それは自虐史観に囚われてしまったが故に、買わなくても良いアメリカ国債を買わされ、高いLNG（液化天然ガス）をアメリカのために購入し続け、愚かな我が祖国の経済を立て直し、そして、戦後補償という名目で、アジア諸国にODAという名目でお金を出し続けてきたからです。

在日として思うに、日本はもうアジアに十分すぎる貢献をしてきました。中韓にはもう謝罪も補償もいりません。ODAも必要ないでしょう。これからは自国民のために税金を使うべき時代が来ているのです。

日本は民主党を選んだという過去最大の失敗は確かにありました。誰とは言いませんが為替介入だと言って、税金を無駄にした愚かな政治家も民主党でしたね。これって正直、私たち在日が半分仕組んでいますから日本の失敗ではありません。

民主党政権以外で大きなデフレも起きていませんし、内需不振もそうです。人口は減少していますが、それ以外は南朝鮮のマイナス成長とは似ても似つかない様相を示しているんですね。

内需拡大も、南朝鮮は家計負債増大、という手法を用いています。これも日本とは違う。何をもって「日本型長期不振」と言うのか教えてもらいたいですね。先ほども書きましたが、日本が南朝鮮に出してきた金額が当初の８億ドルだけで良かったのなら、日本はもっと豊かに、もっと強い国になれたでしょう。

日本が、貧乏で、無学で、無知で、自己中心で、嘘つきな私たちを戦後70年間、中断することなく援助し続けてきてくれたから今の我が祖国があり、そういった人変さの中でもＧＤＰ世界２位にまで上り詰めた日本人の勤勉さを讃えるべきなのです。

それが、今まで助けてもらった私たちが取るべき姿ではないですか？自分たちの手で発展できたと思い上がっていたら、いつまで経っても沈んだままですよ。

（こんな事しか書けないから、韓国経済は打つ手なしなんですよ　2015・4・14）

私にとっての祖国とは？

◆【寄稿】金正恩の代弁者たちがNYでさらした醜態（2015・5・24 朝鮮日報）

4月30日、米ニューヨークの国連本部入り口で入念なボディーチェックを終え、国際会議の会場に入った。半円形の傍聴席は各国の代表やオブザーバーですでに満員だった。この会場で北朝鮮の金正恩（キム・ジョンウン）第1書記による独裁政権から逃れてきた勇敢な脱北者たちが、北朝鮮における人権弾圧の実態を告発した。筆者を含む二十数人の別の脱北者たちも、傍聴席に座って彼らの話を聞いた。

この時、筆者が座っていた席から5列ほど後ろにいた北朝鮮代表部のイ・ソンチョル参事官が突然手を上げ、準備した原稿を読み上げ始めた。司会者は当然中止を求めたが、それでも彼は意に介さず「脱北者たちは祖国を捨てた裏切り者であり、この行事は共和国を混乱させようとする米国政府が行ったものだ」などと大声で叫び続けた。

私も脱北者だが、この私も祖国を捨てた裏切り者だというのか。筆者はかつて北朝鮮の学校で「祖国はすなわち将軍様」と学んだので、裏切り者という言葉は確かに間違ってはいないのかもしれない。しかしその将軍様である金日成とその子と孫は一体何者なのか。民族と祖国の分断という悲劇をもたらした韓国戦争（朝鮮戦争）の戦犯である金日成、そしてその無能さ故に、1990年代に300万人の同胞を餓死させた金正日（キム・ジョンイル）、そして今なお核兵器により韓半島の脅威となっている金正恩のことではないか。

脱北者たちにとって祖国とは、金正恩の独裁政権が君臨する北朝鮮ではなく、故郷に残してきた父母兄弟のことを意味している。われわれは胸が張り裂ける思いで家族と生き別れになった彼らをいつも胸に抱いている。しかし祖国を絶対に裏切ったりはしていない。

私の中では難民という行動はやむを得ない状況での選択だったと思うのです。虐殺から逃れるために、祖国を後にし、生きるために日本の地を踏んだ。ですが、それ以降の行動があまりにも問題が多すぎたと思うのです。

お嬢様（朴槿恵《パククネ》）のお父様（朴正煕《パクチョンヒ》）もそうですが、その前の虐殺王（李承晩《イスンマン》）こそが朝鮮半島を分断させた戦犯であり、私たちの祖父母を日本に追いやった人物であり、その系譜をお嬢様は継ぎ、軍国主義に走っているのです。彼らこそ私たち民族にとっての裏切り者ではないでしょうか。

私は日本のために生きると決断して30年近く経ちましたが、祖国を裏切ったことはありません。DMで「金田は韓国の面汚しだ！」「裏切り者は氏ね！」（↑なんで、ここもネット用語なんでしょうか）と言われることが少なくないですが、反日同胞にとっての祖国はすなわち政権のことでしょうが、私にとっての祖国は親戚であり、そこに住む南朝鮮同胞なのだから意見が合うはずもありません。

この脱北作家のリム氏も同じ思いなんでしょうね。

国を支えるのは国民です。その国民を大切にしない政権を批判することこそが愛国だと思うのです。今の南朝鮮政府は、戸籍という面からも、社会保障という面からも国民を大切にしていないことが分かります。

反日同胞の目が政権という支配者層に向けられていたからこそ戦後、日本で問題を起こし続けました（もちろん、心が弱かったというのもありますが、その弱さを支えたのが政権への眼差しだったのです。いつか、祖国に戻るためにこれだけ日本で活躍したと言わんがために）。

祖国に住む国民に目を向けてくれるのなら、きっと、あなた方も親日になると思います。そういった面からこの寄稿文は反日同胞に是非読んでもらいたいと思います。

※親戚を呼び寄せて生活保護を受けさせる、というのはその目が政権に向いているからなのですが、そこはまたの機会に。

（あなたにとっての祖国ってなんですか？　２０１５・５・24）

日韓基本条約は日韓併合認知の証《あかし》

◆「韓日併合は違法」 世界の知識人524人が安倍批判（2015・7・30 朝鮮日報）

言語学者ノーム・チョムスキー米マサチューセッツ工科大学名誉教授、歴史学者の和田春樹東京大学名誉教授、韓国の詩人・高銀（コ・ウン）氏ら世界の知識人524人が1910年の韓日併合の違法性をあらためて確認し、日本の安倍晋三首相の歴史歪曲（わいきょく）を批判する共同声明を発表した。

「韓日併合100年韓日知識人共同声明」発起委員会は29日、ソウル・プレス・センターで記者会見を開き、「安倍政権は村山談話以降に日本で行われた植民地支配に対する反省努力を逆転させようとしている。それは無駄な妄想で終わるだろう」と述べた。知識人らが共同声明を発表したのは、韓日併合100周年だった2010年に続き5年ぶり2回目だ。今年5月に安倍首相の歴史歪曲に対する批判声明を主導したアレクシス・ダデン米コネチカット大学教授ら米国・英国・ドイツ・スイス・オーストラリアの知識人37人も支持者（サポーター）として署名に参加した。

ツッコミどころ満載ですね。

言語学者？

歴史学者？

詩人！！！！

バカですか。少し名が知れていそうな人を寄せ集めただけで、権威主義の南朝鮮では通用するけど、国際世論では笑い者にされるだけです。

で、一番重要なのは「日韓併合」が何に対して違法なのか。当時の合併手順としては世界的に稀なくらいしっかりと手順を踏んでいるんですね。

ちなみに、ここでいう違法性、というのは１９０５年の日韓保護条約についてなんだと推定されるんですね。何せハングル版にも出てこないんでちょっと不明です。そして、この保護条約に関しては、南朝鮮側は２点、問題点を指摘しています。一つは皇帝高宗への脅迫に基づき強制調印させた条約である、という点と、もう一つは皇帝の署名もしくは調印がないものであるという点。

彼らの言い分にも耳を傾けない事はないのですが、実はこの条約の正当性を彼らは自ら追認しているって知っていますか？　１９６５年の日韓基本条約の第2条にはこう書かれているんですよ。

日韓基本条約 第2条

It is confirmed that all treaties or agreements concluded between the Empire of Japan and the Empire of Korea on or before August 22 1910 are already null and void.

千九百十年八月二十二日以前に大日本帝国と大韓帝国との間で締結されたすべての条約及び協定は、もはや無効であることが確認される。

今回、英文を併記したのは条約の末文に「解釈に相違がある場合には、英語の本文による」と書かれているからですね。南朝鮮同胞は理解できますかね。英語で「already」をもって「締結自体が無効である」という訳にならないという事を。

それがあるからこそ、日本語で「もはや」そしてハングルでは「이미（日本語ではもう、とか既に、という意味）」という訳語を用いたのです。そうでなければ「체결 자체가 무효이다（締結自体が無効である）」と書くでしょうに。

そう、この条文からも分かる通り、違法性や無効性はチリほども書かれておらず、１９６５年までは有効であった、という内容なんですね。それともこの条約自体が違法とでも言いたいのですか？　まぁ、中にはこれを不平等条約だ！という輩もいますが、元々、日本はこんな条約を締結する必要がなく、南朝鮮のために締結してくれた、という史実を忘れないで欲しいですね。

（「日韓併合」は韓国政府も追認している（増補版）２０１５・７・31）

―徴用工問題に対する韓国の最高裁判決には2つの大きな問題が横たわっています。

先ず一つ目は、判決は未払い賃金や補償金ではない、という点です。日韓請求権協定によって解決済みの内容ではなく、不法な植民地支配に対する慰謝料、という性質のものだ、としているのです。要するに日本が韓国を併合したのは不法行為だから慰謝料を寄越せ！と彼らは言うのです。

ですが１９６５年の日韓基本条約において次のように書かれています。

"It is confirmed that all treaties or agreements concluded between the Empire of Japan and the Empire of Korea on or before August 22, 1910 are already null and void."

"１９１０년8월22일 및 그 이전에 대한제국과 대 일본제국간에 체결된 모든 조약및 협정이 이미 무효임을 확인한다。"

（千九百十年八月二十二日以前に大日本帝国と大韓帝国との間で締結されたすべての条約及び協定は、もはや無効であることが確認される。）

これは第2条の内容ですが、英文でも書かれている通り、"null and void"ではなく"already null and void"。"already"の一語が入った事で、日本が併合した事が無効ではなく、日韓基本条約締結により無効になった、という意味になるのです。

これで慰謝料寄越せ、という論法は破綻している事になる。

二つ目は、今回の判決は韓国政府による個人賠償が不十分だから日本企業が賠償せよ、というもの。

この判決を下した方々の頭は大丈夫なのでしょうか？　韓国政府が個人賠償を行うという約束のもとに支払われたものを被徴用韓人に還元しなかった尻拭いを日本企業に対して支払えという韓国国内法、国際法に違反する判決なのですね。

結論として、韓国併合は法に基づき行われたので慰謝料は必要なく、韓国政府がすべき支払いを他国の企業に請求してはいけないのです。

日本は「二日市保養所」を文化遺産に登録すべき

◆「日本による強制動員被害」世界記憶遺産目指す＝韓国（2015・9・13朝鮮日報）

【ソウル聯合ニュース】韓国が日本植民地時代の強制動員被害記録の国連教育科学文化機関（ユネスコ）世界記憶遺産登録を目指す作業を本格的に推進することが13日までに分かった。

日本の端島炭坑（軍艦島、長崎市）などが「明治日本の産業革命遺産」として世界文化遺産に登録されたことに対し、真っ向から対応するもので、今後の成り行きが注目される。
韓国の文化財庁や外交部などは公式に発表していないものの、政府内ではすでに登録を推進する方針が固まったとされる。先月31日までに行われた文化財庁の「2016年世界記憶遺産の登録申請対象記録物公募」に応募があった登録申請候補12件のうち、強制動員の被害記録物に関する資料は33万6797件に達することが聯合ニュースの取材で分かった。

「二日市保養所」の医務主任だった橋爪医師の証言が、『水子の譜』に収録されています。橋爪医師が昭和21年6月10日付で救療部に提出した報告書によれば、強姦の加害者は朝鮮人が最も多く、1947年に施設が閉鎖されるまでの間に500人にも及ぶ堕胎手術を行っていたのです。開設が1946年3月ですから、その件数の多さは凄まじいものがあります。

この施設は一部の日本人はご存知だと思いますが、恐らく多くの日本人は知らない。戦後、日本人を虐殺した南朝鮮の世代は多くが死に、口伝でもそれを残そうとした人がほとんどいないこともあって、史実である〝日本人虐殺〟は私たち同胞の中では〝日本の捏造〟という事になっている。もし、本当に捏造なら、どうして多くの史料が日本に残されているのか。

日本はこういった虐殺された史料、略奪や強姦された史料、堕胎を行わずにはいられなくなった史料の世界記憶遺産としての登録を。そして、二日市保養所跡に施設を再建し、文化遺産登録を。

戦後を正しく伝える時代がやってきています。戦争当事国だった事は反省もありましょう。ですが、戦後に朝鮮人から受けた事に対して日本には雫ほどの責はありません。できましたら『水子の譜』以外にも次の書籍もご一読されます事をお勧めいたします。

『沈黙の四十年－引き揚げ女性強制中絶の記録』

『戦後50年引揚げを憶う（続）　証言・二日市保養所』「引揚げ港・博多を考える集い」編集委員会編

『竹林はるか遠く』

『三つの願い　隠された戦後引揚げの悲劇』

（日本も「二日市保養所」を文化遺産に　２０１５・９・14）

朝鮮系日本軍人も誓った「靖國で会おう」

◆「靖国への無断合祀、見解を」韓日団体が安倍首相に質問状（2016・8・12 朝鮮日報）

【東京聯合ニュース】靖国神社に極東国際軍事裁判（東京裁判）のA級戦犯とともに韓国人が合祀（ごうし）されている問題と関連し、韓国と日本の市民団体が12日に内閣府庁舎を訪れ、安倍晋三首相に見解を問う公開質問状を提出した。

質問状を提出したのは、韓国人の無断合祀取り消しなどを求めて日本で訴訟を起こした「靖国反対共同行動韓国委員会」や「平和の灯を！ヤスクニの闇へ　キャンドル行動実行委員会」などの関係者。

これら団体は、遺族の意向と関係なく、靖国神社に朝鮮半島出身の戦争犠牲者約2万人が合祀されていることを取り上げ、「靖国神社が米国のアーリントン国立墓地と同様の施設だとする主張は受け入れられない」として安倍首相に見解を尋ねた。

安倍首相は2013年に米外交専門誌のインタビューで、自身の靖国神社参拝について、米大統領がアーリントン国立墓地を訪れるのと何ら変わらないとの認識を示した。

日本による植民地時代に徴兵されて戦死した父親の名前を靖国神社の合祀者名簿から

外すよう求めて訴訟を行っているイ・ヒジャさん（靖国反対共同行動韓国委員会の共同代表）は質問状を提出する席で「家族も知らないうちに父を合祀したのが正しいことなのか問いたい。名前を外すのがそんなに難しいことか」と問いただした。

第二次世界大戦時、大日本帝国軍人になるというのは私たちにとって非常に名誉なことだけでなく、誰もが羨む就職先でした。今更ではありますが、反日が強かったとされる１９３８年でさえ７・３倍、戦時中の１９４３年には62・４倍という、凄まじい倍率だったのです。

どれくらい凄まじいかというと、現在、南朝鮮で超大人気の公務員試験。この試験の倍率がたかだか10倍程度に過ぎないんですね。

しかも、朝鮮系日本軍人の戦没者率が5・３％に過ぎない。６１７８人が〝亡くなって〟いますが、アメリカ軍人はというと太平洋戦線で10万人を超える軍人が戦死している。そのアメリカは日本と合同慰霊祭を行っていて、アーリントン国立墓地には日系人も埋葬されている。

大戦前、多くの日本人もアメリカに移住していました。そして謂《いわ》れなき迫害を受け、アメリカ人として激戦地に送り込まれた。日系アメリカ人部隊である〝The 442nd Regimental Combat Team〟は９４８６人もの戦死者が出ている。朝鮮系日本軍人の死者を遥かに超えた死者数が出ているというのに、彼ら日系人の子孫はアメリカに対して私たちのような要求をしてきたでしょうか。

日本人以上に優遇され、日本軍人より遥かに低い戦没者率だったというのに、私たちはナント心の狭い民族なのでしょう。

私の知っている複数の在日同胞の高齢者たちは、今でも靖國に行きます。そこに行けば戦友に会えるからで、涙を流し再会を喜んでいます。生前、「靖國で会おう」と誓い合ったのは朝鮮系日本軍人も同じだったからです。私たち子孫は、自ら望み合祀されている英霊を靖國神社から引き剥がす権利はありません。

自我を最大限に主張し周りと軋轢《あつれき》を生じなければ生きている証にはならないと思っている人も少なくないのですが、故人の想いを踏み躙《にじ》る権利は子孫にも存在しない、ということを私たちは理解すべきです。

（靖國神社に合祀されている英霊を想い　２０１６・８・13）

滅亡寸前だった日韓併合当時の朝鮮

◆偏見に満ちた日本人の目から見た三・一運動（2016・11・20 朝鮮日報）

「ソウル市民1919」というタイトルだけを見て劇場に入った観客なら、着物姿の俳優が歩き回るステージを見ていぶかしく思うだろう。しかも「朝鮮人がにこにこ笑いながら大勢歩き回っている」という言葉に「気持ち悪い」というせりふが続く。「（併合は）朝鮮人が望んだのに、なぜ独立したいというのか」「朝鮮人は自分のことを決められず、力を合わせて何かをやることもできない」とまで来ると、あぜんとする。

演劇「ソウル市民1919」（平田オリザ作、李潤沢〈イ・ユンテク〉演出）は、三・一独立運動が起こった1919年3月1日の正午から2時まで、京城（現在のソウル）で暮らしていた中産層（とはいえ当時の基準ではかなりの富裕層）の日本人の家庭が舞台になっている。1989年にこの作品を初演した日本の劇作家、平田オリザは「極めて善良に見える日本人の無意識の集合体が、侵略と植民地支配を実現させ、今も日本社会をむしばんでいるということを示したかった」と説明している。

この作品は、成均館大学前に広がる明倫洞の住宅街にある家を改造して作った、「演戯団コリペ」の「30スタジオ」オープン記念作。2階に上がる階段も舞台装置として活用した。最後の場面で、オルガンで演奏される当時の日本の流行歌「東京節」は衝撃的だ。メロディーが「独立軍歌」と全く同じだからだ。両者はいずれも、米国の軍歌「ジョージア行進曲」が元になった歌。同一の事件を反対側の視点で眺め、観客を当惑させることの演劇全体を象徴しているかのようだった。

「韓国人観光客がまた日本を訪ねるならばより大きな贈り物になるだろう」と宇宙人政権時に内閣官房参与だった際に発言した平田氏。

確かに金田が住んでいる地域は南朝鮮人観光客が増えてから、タバコの投げ捨ては増えるし、安くて美味しいお店が差別をしているとやり玉に挙げられるし、そして、万引きが増えたという小売店の方が多いように感じます。確かに〝大きな贈り物〟ですね。いらないから持ち帰って欲しいですけど。

〝差別〟って言葉を私たちは好んで使います。記者は「合併は朝鮮人が望んだ」や「朝鮮人は自分の事を決められない」という、当時の朝鮮人側から見てもその通りの史実を差別だと言う。

加耶《カヤ》大学の崔基鎬《チェギホ》教授によると、1777年時点で1804万人いたはずの人口が100年後の1877年には1689万人と115万人も減少し、さらに33年後の1910年日韓併合時には1313万人と376万人も減少。1年間で11万人以上も減っていくというあり得ない急激な人口減を経験しています。

何があり得ないのかというと、一般に国民が貧困化すると人口は増えます。なぜなら楽しみが性交渉しかないので、貧乏子だくさん状態が国家的に起こるからですね。ところが、ただ単に貧乏ではなく、食料生産ができないような状況に追い込まれると、貧困であっても人口は減少します。

当時の朝鮮半島はそういった危機的な状況にあり、そこから這い出す事のできない、それこそ数十年もしないうちに国が滅ぶ状況だった。だからこそ、日本の資金で国を助けてもらう必要があったのです。

差別でもなんでもなく、当時の世界が一致する共通の認識によって。日本は人道的に朝鮮を合併してくれたのです。

ついでに、ですが、独立軍歌の歌詞には「独立門の自由の鐘が鳴るまで戦わん」ってもののあるのですが、独立門はご存知のように清国からの独立なんですね。この軍歌の持つ意味も知らずに「衝撃的」って、それこそ金田にとっては衝撃的過ぎるのですが。

（日韓併合当時、朝鮮は滅亡寸前だった　2016・11・20）

韓国政府は竹島虐殺問題で賠償すべし

◆日本公使呼び抗議　「竹島の日」式典に政務官派遣＝韓国政府（2017・2・22 朝鮮日報）

【ソウル聯合ニュース】島根県主催の「竹島の日」の記念式典に日本政府の政務官が出席したことを受け、韓国外交部の鄭炳元（チョン・ビョンウォン）東北アジア局長は22日午後、在韓日本大使館の鈴木秀生総括公使をソウルの外交部庁舎に呼び、抗議した。

日本政府はこの日、島根県で開かれた式典に、領土問題を担当する内閣府の務台俊介政務官を派遣した。

竹島について、南朝鮮はもっとスッキリ説明できないのでしょうか？

元々、どこの国の帰属だったのかについて、南朝鮮は明確な史料を出した事が一度たりともありません。この時点で南朝鮮の主張は完全に破綻しているのですが、もう少し別な見方をしてみたいと思います。

１９４５年終戦時、竹島を利用していたのは日本人かそれとも朝鮮人か、という考え方です。

１９４５年終戦時は朝鮮人も日本人でしたから、もし、統治前から竹島が朝鮮領であったのなら竹島を利用していたはずで、反対に日本の利用はなかったはずです。また、敗戦後、竹島周辺に日本人が近寄ることはＧＨＱの反日姿勢から認められなかった事でしょう。

ですが、実際は終戦後も日本の漁師たちは普通に竹島近海に漁に出ていた。反対に朝鮮人漁師は竹島まで来ていなかったのですね。何故でしょうか？

それと合わせて、竹島を不法占拠した理由を考えてみましょう。

理由は簡単。不法占拠しなければ南朝鮮領だと主張できなかったからです。アメリカからも竹島の領有権を否定され、国際法上、どうやっても竹島を手中にできなかったのです。それ故に、武装解除した日本に対して、武力を以って不法占拠でもしなければ竹島に上陸できなかったのです。

それだけではありません。

無抵抗な日本の漁師44人もの死傷者を出し、3929人を抑留。当時の金額で90億円を超える損害を日本に与えました。これだけの人数が抑留されるのは、日本人漁師たちが普通に漁をしていた事を証明するものなのですね。

何故、南朝鮮が武力で不法占拠し、日本人漁師たちを虐殺し抑留しなければいけなかったのか。そこを考えれば、竹島の正統な領有権が日本にあることは明白なのです。

ちなみに、南朝鮮は竹島に関して、最低でも9兆1200億円を支払わなければいけません。

南朝鮮はこの日本人漁師たちに対する虐殺や抑留に関して、謝罪や賠償をした事はありません。また、日南基本条約（日韓基本条約）には「1945年8月15日以前に生じた事由に基づくものに関しては、いかなる主張もすることができないものとする」とあり、当時の金額に対する90億円の損害金に対する賠償や死傷者及び抑留者に対する賠償責任は、放棄されておらず、しかも、竹島に関する件は棚上げ状態になっている事から、その賠償もまた時効が発生していないのです（これは日南共に）。

貨幣価値は１９４５年に対して現在はおよそ１０００倍。すなわち９兆円を直ちに賠償し、また、抑留に対する慰謝料や賠償額を換算すると、南朝鮮の最近の判例からすると１人あたり３０００万円として１２００億円。合算で９兆１２００億円を直ちに支払うべきなのです。

（不法占拠の状態を知れば、竹島はやはり日本のもの　２０１７・２・22）

日本への恨みによって決まった光復節

◆光復節：「韓国建国は1919年」　文大統領発言が波紋（2017・8・16 朝鮮日報）

一方、韓国党の柳錫春（リュ・ソクチュン）革新委員長は記者会見で、「国家が成立するためには、国民、領土、主権がなければならないが、その基準で１９４８年の建国が自明だ」と述べた。その上で、「文大統領本人も第19代大統領を名乗っている以上、1948年に就任した李承晩が初代大統領である事実を認めていることになるが、1919年建国というのはつじつまが合わない。牽強付会であり、1919年を建国だというのは行き過ぎた拡大解釈だ」と主張した。柳委員長はまた、臨時政府による活動の重要性に言及し、「人間で言えば、大韓民国は1919年に妊娠し、48年に誕生したものだ」とも語った。韓国党の崔海範（チェ・ヘボム）革新委員もフェイスブックを通じ、「金大中（キム・デジュン）政権も1998年に建国50周年を大々的に広報し、『第2の建国』をモットーにしていた」と振り返った。

正しい政党は文大統領の発言について、「国論分裂を引き起こす行為だ」と批判した。同党のイ・ジョンチョル広報は「1919年建国と1948年建国が鋭く対立する状況で、大統領が光復節で行った最初の行動は国民を二分し、明らかに予想される対立と葛藤をさらにあおるもので、本当に残念だ」と述べた。

1965年6月22日。

この日が、本当に南朝鮮が日本から独立した日です。

そして、建国記念日になるはずの日です。

他に候補があるとしたら自称リベラル陣営の言う「上海臨時政府樹立宣言」をした日

でしょうか。この場合だと、1919年4月10日の樹立宣言をしたとされる日を建国記念日にするはずです。

光復節は何の日か、これは一般に「南朝鮮が日本からの独立を祝う日」とされていますが、これ、違いますから。本当は、「俺たちが日本を負かした戦勝記念日なんだぜ！」ということを忘れないために、この日に独立記念日＝建国記念日を制定したに過ぎません。

1945年8月15日はもちろんのこと、1948年8月15日の政府樹立宣言をした時でさえ、日南（日韓）併合条約は有効な状態であり、建国の宣言はしたものの日本の一部であり続けていたのです。ですから、併合条約が無効になった1965年6月22日が名実共に日本からの独立であり、建国の日となるはずです。

ところが粘着質の初代ネズミの李承晩は、日本に対する恨みを忘れないという想いを込めて、1948年8月15日に政府樹立宣言をしたのです。どの国も認めてくれなかった「戦勝国としての地位」を国民に刷り込むために、日本が敗戦したこの日を南朝鮮の独立記念日にしたのです。

ですから、大韓民国臨時政府の法統を継承すると言いながら、4月10日でもなく、6月22日でもなく、8月15日に決まったのです。全ては恨みによってこの日に決まったのですね。

建国の日、というなら、フランスなどはフランス革命が発端となって建国されたとしていますから、南朝鮮も、今年建国となった、生まれたばかりの赤ちゃん国家とすれば良いのではないかと思います。それが、恨みの民族からの脱却の一歩になると思うのですけどね。

（光復節が8月15日なのは日本に対する恨みが込められているから　2017・8・16）

知られていない韓国人による日本人大虐殺

◆「ベトナム虐殺被害者のための市民法廷」が第一歩を踏み出す（2017・6・24 ハンギョレ）

民弁TFと韓べ平和財団は今年7月に市民法定準備委員会を設立し、ベトナム戦終戦記念43周年になる2018年4月に、ソウルまたは済州（チェジュ）でベトナム民間人虐殺被害者たちを原告とした市民法廷を開く予定だ。第二次世界大戦当時、日本の女性の性奴隷動員の責任を問うため、2000年12月に日本の東京で開かれた女性国際戦犯法廷からアイディアを得た。イム弁護士は「1999年の最初の報道以来18年間、韓国政府は被害者たちに対していかなる努力もしなかった」とし、「国家賠償訴訟を通じて1人でも被害事実が認められれば、政府が責任を持って乗り出さざるを得なくなるだろう」と見通した。

日本は戦前～戦中にかけて、私たち朝鮮民族の虐殺をした事がありませんでした。反対に、私たちは日本人を虐殺しました。特に終戦時には多くの日本人を虐殺し、最大で20万人を超える日本人を虐殺し、それだけではなく、強奪し強姦もしました。北朝鮮領域では現在判明しているだけで８０００柱にも及ぶ日本人の遺骨があるとされ、虐殺となればその10倍以上にもなるとされています。

アメリカは北朝鮮に対してアメリカ人の遺骨捜索支援のために２０５０万ドルを支払っていますが、私たちは、自分で虐殺しておきながら、「その遺骨を返して欲しければ金を出せ」という民族です。
南朝鮮も負けてはいません。南朝鮮はちょっと工事を行うとあちこちから人骨が出てくる国です。何故なら、虐殺をしたら埋めてしまうからです。日本人の多くが北朝鮮領域で虐殺された、と思い込んでいる日本人も多いですが、はっきり言って違いますから。管理人4号の一族が虐殺されたのは今の釜山に程近いところですし、大阪にも韓国領域で親族を虐殺された人は数多くいらっしゃる。

GHQが朝鮮に対する批判を禁止した事で、そういった真実が埋もれてしまっているだけで、多くの日本人が〝韓国人〟の手によって虐殺されたのです。北朝鮮より酷いのは、その遺骨を埋葬もせず、どこに埋めたのかも分からず、今以て、どこに誰が埋められたのか分からないという点。それ以前に、虐殺行為自体をなかった事にしているのですね。
これと同じ事をベトナムにもしているのです。

南朝鮮はベトナム戦争では延べ30万人もの軍人を派遣し、彼らはクアンナム省、クアンガイ省、ビンディン省、フーイエン省と非常に広範囲において数万人もの老人や女性、子供を中心とした民間人を虐殺しました。ライダイハンだけでも3万人にも及ぶので、実際の虐殺はこの10倍以上、30万人近いと言う人もいます。

ハンギョレは繰り返しベトナム戦争虐殺行為キャンペーンを行いますが、どれも慰安婦活動ほど積極的ではなかったんですね。そりゃあ自国の恥ですから。

ところが、お月様（文在寅）政権に変わってから、また、この活動が活気付いてきたのですね。北朝鮮は、「南朝鮮は残虐な国」という印象付けを行いたいのですね。

アメリカ問題もありますし。お月様政権はこの問題に呼応する動きを見せ始めていて、派兵を始めた9月にも謝罪を行う、という話もチラホラ出ています（大抵、こういった流れではボツになりますが）。ただ、今後はこの話が増えてきそうな流れではあります。

日本に対する損害賠償請求が、今度は自分たちの首を絞める。日本への賠償請求額がそのまま請求される事になるからですね。日本は請求権により完全に解決した問題です。ところが、南朝鮮司法は戦争犯罪は時効がないと明言している。

今、この問題を解決しないと、南朝鮮はそれこそ１０００年はベトナムから許される事なく、〝自国内〞から非難され続けることとなるでしょう。

（ベトナム戦争の負債を韓国はどうしていくのか　２０１７・８・20）

国民総出の詐欺とゆすり

◆小学校の教科書に「慰安婦」 4年ぶり記載＝韓国（2018・3・5 聯合ニュース）

【ソウル聯合ニュース】韓国で今年の新学期から使われる小学校6年の社会科の教科書に旧日本軍の慰安婦が取り上げられたことが分かった。韓国全国教職員労働組合が5日、伝えた。

同組合によると、教科書には「日本軍『慰安婦』」というタイトルの写真とともに「植民地だった韓国の女性だけでなく日本が占領した地域の女性たちも強制的に日本軍『慰安婦』として連行され、ひどい苦痛を受けた」という説明が載せられている。写真は1944年9月に中国・雲南省で米軍が撮影したものが使用された。

いつもの事ながら正しい歴史を伝えようとしない歴史教科書です。

以前も紹介した喩え話を少し追加して今一度書かせてください。

Aという建設会社があったとします。

そこが公募で下請け企業を募集したところ、
Ｂという下請け企業が応募してきました。
ＢはＡから禁じられた手法で人を集め、
Ｃという人物が雇用されました。
Ｃはその親ＤからＢに金銭で売られた人物でもあります。
ＣはＡから来た人物Ｅから望まぬ接客に就かされましたが、当時としては破格の高給を得ていました。給与はＡからではなくＡから業務委託されたＢから得ていました。

後年、Ｃはこの時のことを不法だ！と言って裁判を起こしました。
さて、誰が一番、加害者として罪が重いでしょうか？

登場人物は、
・下請を募集したＡ
・Ｃを雇用したＢ
・高給を得ていたＣ
・Ｃを売り飛ばしたＤ

・Cの望まぬ接客をさせたE

これを慰安婦問題に置き換えると、
Aは日本軍
Bは朝鮮人女衒
Cは慰安婦
Dは慰安婦の親
Eは朝鮮系日本軍人

南朝鮮国内法を厳密に照らし合わせて判断すると、彼らの中で一番罪が重いのは、「朝鮮人女衒」です。

もし、慰安婦がレイプだったと言うのなら、最も罪が重いのは「朝鮮系日本軍人」ですし、女性や未成年者の庇護を前面に押し出すのなら「慰安婦の親」が重罪になります。

日本軍が一番重い罪として裁ける法は現在も、そして過去にも存在しないのですね。

何より、今回の教科書に書かれた文面にはいくつか書かなければいけないない内容が含まれていません。


例えば、慰安婦で一番多かったのは日本人である事。

例えば、朝鮮系慰安婦を買っていたのは朝鮮系日本軍人である事。

例えば、慰安婦の大半は自ら応募してきたという事。

例えば、未成年の場合は親が子を売って、慰安婦になる事を承諾していた事。


日本の歴史教科書にもこういった正しい内容を盛り込むべきですし、南朝鮮でも正しく上記を子供たちに教えるのが日南間の齟齬《そご》を減らす事につながると思うのです。


「謝罪と反省」はしなければいけません。

ですが、それは日本だけではなく、南朝鮮人も同様。

当時の日本の国内法のみならず南朝鮮の風習においても問題がなかった慰安婦制度。

それを現代の考え方に照らし合わせて過去を裁こうというのが元々の間違いであり、日本が謝罪と反省をするのは、この一連の騒動で多くの日本人慰安婦の尊厳を踏みにじったことに対して行うべきで、南朝鮮は詐欺とゆすりを国民総出で行っていることに対して全日本人、何より日本人慰安婦に対して謝罪をしなければいけないのです。

そして、私たちは二度と、詐欺やゆすりをしないと、反省するのです。

それができなければ慰安婦問題は永久に解消することができず、慰安婦合意を無にできたとしても、一生、惨めな歴史を南朝鮮は歩むことになるのです。

（慰安婦合意を着々と無効化していく韓国　２０１８・３・５）

―「歴史とは現在と過去との絶え間ない対話である」

これは歴史家E・H・カーが『歴史とは何か』という本に書いた一説です。

元々、歴史というのはその記録を残した人の主観に基づきます。そして、その歴史について「特定の主観」で紐解く、というものは難解なその真実に絡みつくその他の真実を淘汰していく事で、万人に受け入れやすい物語《ストーリー》が出来上がります。

現在、韓国の歴史教科書は、この「特定の主観」により組み立てられ、それ以外の評価は完全に拒絶しています。

例えば、第二次世界大戦における朝鮮人死者数は20万人ですが、日本人は３１０万人。これは朝鮮人優遇によりギリギリまで徴兵などから〝優遇されていた結果〟ですし、朝鮮戦争時に、当時の朝鮮半島の人口の6分の1にあたる５３２万人が亡くなったと言われていますが、日帝強制期と呼ばれる、彼らにとって受け入れがたい時期よりも多くの人が同胞の手によって殺された事は原則、隠そうとします。

また、世界的に全く知られていない「対日戦争」は大韓民国23（１９４１）年12月10日、臨時政府によって宣戦布告が行われ、日本軍と戦い、その結果、独立を勝ち取った事になっています。

韓国が、史料や資料を見ずに、感情論だけで歴史教科書を構築している現状を変えなければ、ますます日本との対話が不能になっていくと考えるのはきっと私たちだけではないと思います。

第2章　日本人には理解できない韓国の常識

悲しいほど読解力がない韓国人

ここで、韓国人の性質を分かりやすくまとめておきたいと思います。
これらは韓国を訪れた西洋人が感じた韓国人の性質に、よくニュースに流れるフレーズをまとめたものなので、多くの同胞も賛同してくれる内容だと思います。

韓国人の性質を考えると次のようになります。

・キレやすい
・盗み癖がある
・嘘をつくのを何とも思わない
・嘘をついても謝らない
・韓国人同士も信用できない
・他人に損害を与えることは手柄だと考える
・女性は男性の奴隷もしくは慰みもの
・女性は労働力であるにすぎない
・女性はいないと考えるのが礼儀

・女性は教育を受けさせない
・女性とは当然男性より劣った存在
・娶《めと》るのは妻、惚れているのは妾《めかけ》
・法は知っていても自分の利益に反すれば守らない

などが挙げられると思います。

実はこれらの性質を眺めてみて、一つ気になる記事があるのです。

今年の３月、イギリスのオックスフォード大学で面白い研究報告がありました。

それは、「知能が高い人は人を信じやすく、知能が低い人ほど人を信じない」というものです。


確かに韓国人は人を信用しません。中央日報の記事にも「韓国人の８割は他人を信用しない」とありましたよね。これって多くの人は韓国は嘘の歴史を教え、嘘に囲まれているから人を信用できない、と考えているみたいですが、もしかしたら韓国人は知能が低いのかもしれません。

ただ、私が言う知能はＩＱのことではありません。

例えば、今年発表されたＩＱランキングを見ると、韓国が１０６なのに対し、日本は１０５、イスラエルは94（イスラエルはこのページには掲載されていません）です。ここでイスラエルを持ってきたのには理由があります。それはイスラエルからは１８５人ものノーベル賞受賞者を出していて、韓国人は「０」であるということです。

韓国人は良く勉強します。よく記憶もします。ただ、考えられないのです。言い換えると読解力がなく、そこから自分の意見を出すことができないのです。日本の読解力や数的思考力はＯＥＣＤの中でもトップですが、韓国は10位に入ることもできません。２００８年７月14日の朝鮮日報には「話にならない韓国人の国語力」という記事も出されており、読解力のなさは以前から変わらずなのです。

日本と韓国のＩＱはほとんど変わらないのに、日本は多くのノーベル賞受賞者を輩出し、イスラエルはＩＱは大きく下がるものの多数のノーベル賞受賞者がいます。一言で言うと読解力の有無がノーベル賞受賞者輩出の条件なのです。

生活していく上で重要なのは、暗記力よりも読解力などを通して得られる判断です。

韓国人はそれが悲しいほど低いから、信用できるかどうかを判断することができないのです。そして、法律についても、何が書いてあるかは分かるけど、読解力がないから守ることができない。そう考えると、韓国人が起こす種々の事件が理解できると思います。

書いていて鬱になっちゃうよ…。

（韓国人は状況を〝理解できない〟２０１４・７・12）

なぜ韓国人は人を信用できないのか？

◆「偽ガソリン」「給油量水増し」疑った経験ありますか？（２０１４・８・22朝鮮日報）

韓国の自動車運転者の８割は、給油の際に「偽ガソリンではないか」「給油量が数字より少ないのではないか」と疑念を抱いた経験があることが分かった。

韓国消費者院はこのほど、ソウルに住む20歳以上の自家用車運転者１０００人にアンケート調査を実施。その結果、給油の際に偽ガソリンではないかと疑ったことのある人は57・3％（573人）に達したという。また、給油量を数字より少なくごまかされているのではないかと疑った消費者は75・0％（750人）だった。複数回答を除けば、回答者全体の79・3％が給油の際に不正を疑っていることになる。実際の被害に関する質問では「実際に偽ガソリンを入れられた」と回答した人は全回答者の9・4％（94人）だった。

あなたはガソリンスタンドで騙されると思いますか？
レギュラーを40リットル頼めば、40リットルだと思うでしょう。

南朝鮮人は人を疑うことから始まり、日本人は人を信じることから始まります。

以前、南朝鮮人の8割は他人を信用しないという記事を紹介しましたが、その数字と合致していて、進歩していないのかと残念に思ってしまいます。
どうして南朝鮮人は人を信用できないか。国民性もあります。何せ17世紀には既に嘘つきでしたし。でも、それだけではないのです。

南朝鮮人は、競争社会で小さい頃から1番を取りなさい！と言われます。この1番を取りなさいは「ライバルを蹴落としてでも」という意味が含まれます。

在日の子供たちと南朝鮮人の子供たちを比較すると同じ民族のはずなのに気質の違いに驚かされることがしばしばあります。

南朝鮮人の子供たちはどうでも良いことでも嘘をついて、自分を大きく見せようとします。在日の子供たちにはあまり見られない傾向ですね。

そんな子供たちが大きくなって働き始めるからこそ、こういった記事のような事が起こるのです。

南朝鮮は内需拡大を考えていますが、どんなに税金を使って制度を整備しても、内需は拡大しません。

しなければいけないことは教育改革。

無用な競争を排除し、人を憎む教育をしないことから始めなければいけないのです。

残念なことに逆行した教育改革を断行中ですが…。

（信用すると騙される国　２０１４・８・22）

ナチス・ドイツを髣髴《ほうふつ》させる韓国の軍国主義化

南朝鮮は軍国主義に傾いている。それは日本の軍政を手本にしていたと考えていましたが、なんとなく感じていたナチスとの共通点を考えていくと、ナチスの方が類似性が高いように思うのです。

ナチズムについて簡潔にまとめてみますと、

人種：優生学的思想、ゲルマン民族優位思想
教育：反主知主義でありまた反個性主義
経済：将来的に企業は国有化、反資本主義
政治：独裁的で反自由主義、全体主義的で法治国家を破壊

ということになるでしょうか。

ナチズムが台頭する背景として、当時のドイツでは少子化が問題となっていて人口が

減少していました。この少子化は、現代の先進国に見られる育児費用の増大や個人主義的な快楽の追求による結婚年齢の晩年化、というものではなく、第一次大戦での賠償などに伴う負担や世界恐慌下における経済の停滞という状況によるものでした。

これって、現在の南朝鮮の状況に酷似していませんか？

人種‥

優生学的にダウン症などの赤ちゃんが生まれるとアメリカなどに輸出していることはよく知られていますよね。

現在でも、障害を持った子供に対する社会の受け入れ度は低く、障害者淘汰を社会で後押ししている状況です。そして、朝鮮民族の優位性を度々記事にしており、「世界で一番優秀な民族」だと教育を受けている。ナチス・ドイツを髣髴《ほうふつ》させます。

教育‥

反主知主義というのは知性よりも感情を優位に置く考え方です。交通事故を起こしても、怒鳴ることで自分を正当化しようとしたり、泣きわめくことで相手が折れることを期待するというのは正にそうですよね。そして、反個性主義。ミスコレ〝ラ〟を見れば一目ですよね。個性をなくし、全てが同じでなければいけない。美の基準ですら、同一でなければいけない個性主義を排した国が南朝鮮です。

経済：

いわゆる特定の財閥を優遇、というのは自由経済国家ではあり得ないことです。南朝鮮が行っているのは共産主義的なものよりもより国家統制が強い経済活動ですよね。だからこそ、為替介入を、自ら先進国発言した後も平気で行うことができるのは、反資本主義的な経済観念を持っているからです。

政治：

「反日」を掲げることで全体主義を作り上げている南朝鮮。表現の自由は奪われ、大統領を揶揄《やゆ》するだけで有罪になり、メール監視なども行う独裁主義的な行為が目立つ政治を展開しています。そして、ここが重要ですが、法治主義を否定し、感情は法を超越するという独自の法解釈を以て、反法治主義国として知られています。

自分で書いていてゾッとします。

今後、どこまで自制が効くようになるか。それが困難であれば、世界の火薬庫を日本は隣に持つことになってしまいます。反日主義的な同胞も反日活動している暇はないですよ。

同胞が一致協力して、それこそまともな国へと導く責務があるのです。

ヒトラーも言いましたが「借金で滅んだ民族」はないのです。

ですが、思想で滅んだ国は少なくない。

隣国を見て羨ましがらずに、自国の思想の見直しからやらないと50年後にはそれこそ滅んでいる可能性があります。

（ナチス・ドイツと韓国の共通点　２０１４・11・１）

今でも多くの奴隷によって支えられている

◆海外派遣労働者から搾取する北朝鮮（2014・12・10 朝鮮日報）

「海外に派遣された北朝鮮の労働者たちは、北朝鮮政権の奴隷も同じだ」（英日刊紙ガーディアン）

「搾取されても、海外に出られるなら北朝鮮で苦しむよりもはるかにまし」（米国の北朝鮮専門メディアNKニュース）

欧州連合（EU）が作成した北朝鮮人権決議案が国連総会で先月採択されたことを受け、欧米のメディアは海外に派遣された北朝鮮労働者の人権について関心を示し始めている。北朝鮮による海外派遣労働者の搾取実態も、北朝鮮内の人権問題と同一線上で扱うべきということだ。

（中略）

海外で働く北朝鮮労働者の人権問題改善を目指す団体「国際連帯」（INHL）は「中東の北朝鮮労働者たちは厳しい監視の下、殺人的な暑さにもかかわらず長時間酷使され、シベリア伐採現場の労働者たちは真冬の厳しい寒さにも体を温めることができず、健康を損なっている」と話している。

奴隷、という言葉は日本では正しく理解できないと思います。なぜなら、古代を除き、日本には奴隷は存在しないからです。

アノ、性奴隷、についてもそうですが、奴隷という言葉を正しく理解できていなかったからこそ、ここまでこの言葉を広げてしまったのだとも思うのです。日本人に理解できない奴隷。ですが私たちは奴隷を理解しています。それはもちろん、奴隷が身近にいるからです。

最近では、ホンの少しマシになりましたが、南朝鮮では女性は奴隷でした。結婚したら、子供を孕《はら》むための道具であり、労働力であり、性の慰みものの対象でした。正月の宴席では席を並べられず、ひたすら準備と片付けに回り、男の残り物を食べる。私が小さい頃、南朝鮮で正月を迎えると子供ながら不思議な感じがしました。

現代では、奴隷に近いのは非正規雇用の人たちがいます。日本の非正規雇用に比べ地位は非常に低く、労働者としての保護はありません。日本でこんな待遇で働かされたらブラックどころではないのですが、南朝鮮では一般企業の中にも非常に多くの奴隷が働いています。

そして、ホンモノの奴隷も存在します。障害者労働者です。彼らには人権はなく、ほぼ、給与も支払われません。新聞の記事ではよく塩田で働かされている人たちが問題になっていますが、もっと身近にもいて、農業に従事させられたり、道路工事をさせられるなど、本当に多くの奴隷が南朝鮮を支えているのです。

もちろん、北朝鮮は同胞の国ですから奴隷がいないはずがありません。奴隷はモノであり、所有者の財産に過ぎませんから、何人死のうが所有者にとっては悲しみの対象ではありません(モノを失った喪失感はあるでしょうが)。外貨が入ればそれで良いのです。

そして、戦後、日本人も朝鮮人に奴隷にされました。多くの日本人が虐殺され、レイプされ、奴隷として働かされました。

そんな南朝鮮が、北朝鮮のことを嗤《わら》うなんて、自分の足元を見るべきです。

(奴隷制度がなくならない朝鮮　2014・12・10)

日本に取り憑き、蹂躙して全てを奪いたい韓国人

◆日韓国交正常化50年、「嫌韓」「反日」を越えて…不信煽るマスコミ、産経問題で和解促す声も（2015・2・16 世界日報）

政治と共に日韓関係悪化の〝主犯格〟となってきたのがマスコミだ。日本では、以前はそれほど「嫌韓」感情が強くなかったが、近年は特に「韓国」「中国」をキーワードとする記事や番組が関心を集める。内容は相手国への批判である場合が多く、それを通じて読者、視聴者はナショナリズムを満足させている面が多分にある。

一方、もともと民族意識が強く、日本による植民地統治を経験した韓国では、これまでにも増してマスコミ主導で第2次安倍政権誕生後の日本批判に拍車を掛けている。日本を「評価」する基準である歴史認識問題をめぐり、安倍政権が「韓国側を納得させる」対応をせず、ひたすら〝右傾化〟路線を突っ走っていると判断しているからだ。

マスコミが伝える内容が実態を正確に反映したものであれば、それもやむを得ない。だが、時として事実に立脚しない内容だったり、誇張が含まれていたりする。相手国を批判する「結論ありき」の論法も少なくない。

日本のマスコミが保守系、左派系で韓国に対するスタンスに差が出るのとは対照的に、韓国の場合は保革区別なく「反日」一色だ。テレビのニュースではアナウンサーが安倍晋三首相を「アベ」と呼び捨てにすることもしばしばあり、自国民向けなら日本に最低限の礼儀も必要なしだ。

南朝鮮は常に日本を下から見上げる立ち位置でした。これは今でも同じ位置にいるのですが、サムスンが躍進し始めた頃から、日本を下に見たい、という欲求が強くなってきたんですよね。ちょうど、その頃から、日本との対比記事が増えて「だから南朝鮮は優秀なんだ！」と思い込みたくなってきたんだと思います。

それが「日本を下に見たい症候群」。

先日、安倍首相は国賓待遇ではないのか、なんて記事もありましたが、これなんて、
朴大統領＞安倍首相
という構図を打ち出したかっただけですからね。旧宗主国・日本を上から見ることによって、足元が覚束ない自国の不安を払拭したい、という状態なのです。

これを理解するキーワードは「ストーカー」だと思うんです。

相手を評価する。これ自体には上下関係はありませんが、その基準が「韓国側を納得させる」というもの。双方納得、というものではなく、完全に上から目線の記事なんですね。それも捏造だったり誇張だったりするから始末に負えません。

私は経済情報誌（朝鮮日報のこと）を取り上げることが多いのですが、それはツッコミどころが多い新聞でもあるからです。そして、南朝鮮人の多くは経済情報誌と似た思考（事実に立脚しない内容）をするんです。

しかも、保革関係なく反日思想の上に立脚した弁論を展開し、最終的には「日本は南朝鮮の言うことを聞け」みたいな話になったりします。そのクセ、いつも日本を見続ける。ストーカー国家になっているんですよ。

福島章さんの『ストーカーの心理学』ではストーカーを5つに分類していますが、そのうちのサイコパス系が本当にピッタリくるんですよ。

そこには、被愛妄想を持つというよりは自分の思想・欲望を相手の感情を無視して一方的にぶつけてきて、性欲を満たすための道具として相手を支配するものが多い。「凶悪・

冷血な犯罪者」「典型的な犯罪者」というイメージが特徴で、人間関係は強引で、「相手に『取り憑く』能力を持っている」ことが特徴であるといった事が書かれています。

南朝鮮にレイプが多いのも、売春婦が多い、買春をする男性が多い、慰安婦に粘着する外交、旭日旗や日章旗を燃やす云々は全て彼らがストーカーであると考えると合致するように思うんですよね。

日本を下に見たい、というのは日本のために、ではなく、南朝鮮が上だから日本から搾取したい(レイプ思想と同じですね)という欲求からくるんですね。

特に相手に取り憑く能力がある、というのが一番コワイ。

「日本に取り憑き、蹂躙して全てを奪いたい」これが彼らの思考の根幹にあるのです。

付記:書いていて嫌悪感を覚えたのでお流れにした記事です。ただ、私たちの粘着質を理解するにはやはりこういった視点も必要かと思ってのアップです。

(ストーカー国家、韓国　2015・2・19)

韓国人は小さい頃から洗脳状態、自ら再検証はしない

◆降板プロデューサーの番組に飲食店側から反論相次ぐ（２０１５・３・30 朝鮮日報）

不良食品に関する報道で有名なイ・ヨンドン・プロデューサー（59）が報道倫理や取材のやり方をめぐり批判を浴び、26日に自身が制作していたＪＴＢＣ（総合編成チャンネル）の番組から降板したことを受け、過去に同プロデューサーが手掛けた番組に関する論争が再燃している。良質な食品を探すための調査報道を掲げていたイ・プロデューサーの番組で不良食品と批判されたメーカーや飲食店の一部が「いいかげんな編集で事実をゆがめられ、反論を聞き入れてもらえず、放送後に莫大なダメージを被った」と主張しているためだ。

収録時の状況について「砂糖が全く含まれていない無糖ヨーグルトがメニューにあることを制作スタッフに伝えたが、スタッフは砂糖が少し入った加糖ヨーグルトを注文した」と説明し「スタッフは（それを）こっそり撮影していき、（後から）放送局に何度も抗議の電話を掛けたが相手にされなかった」と訴えた。

自分の利益のためなら事実を捏造する私たちの性質をよく表している事件ですね。で、ここまで問題が大きくなったのには理由があります。

小さい頃から〝正しい〟と言われるものを何の疑いもなく、ただひたすら記憶していくことを強制されている南朝鮮同胞は、自分たちが〝教育〟という洗脳をされているということを知りません。本来の教育は自分で考える、ということを育むことだと思うのですが、南朝鮮の教育は自分で考えさせない、同じルーチンの処理の速さに特化した、訓練と言い換えることができるものだと思うのです。

ですから、これが正しい、と言われるものは素直に受け入れてしまうし、価値判断からズレているものは排除に向かいます。この事件もそうですね。このプロデューサーの番組が受け入れられたのは、南朝鮮で根強い〝食品に対する疑惑〟を明かすという立場を取ったからです。要するに、正義の味方。

たとえ、糾弾された会社から訴えがあっても、「悪人が何を言うか！」と思うだけですから、ここまで問題が広がったんですね。

もちろん、基本は「自分が儲かるための嘘は善」という考えが根底にあるんだけど、小さい時からの洗脳状態を利用すれば、いとも簡単に国民を誘導できる、ということが証明できた訳です。

以前に少し書きましたが、南朝鮮同胞は、人から言われて資料を用意することができます。その資料を読む事ができれば何が書いてあるか理解することもできます。そして、幾つかの資料を見比べて、〝客観的に〟どちらが正しいかも判断できます。

ですが、自分が正しいと思ったことを疑問に思うことはしないのです。慰安婦問題も竹島も、強制労働も関東大震災も、抗日戦争も、全て嘘で塗り固められたものであっても、それを再検証しようとしません。

こうなってしまった原因の一つに、本を読まない、というものがあります。

ネットでの情報に偏っている南朝鮮同胞は、ネット情報の問題点を理解していません。

ネット情報の問題点というのは、

・嘘情報も多い
・古い情報は埋もれやすい
・少数意見は埋もれやすい

という事です。
仮に、金田が問題提起をするとします。私はなるべくソースにリンクするようにして情報の正当性を担保しますが、南朝鮮の歴史情報は嘘が多い。一般に少数派の意見に耳を傾けるようには南朝鮮では教えません。

そして、金田が問題提起をしても、嘘情報を発信する人の方が多いですから、金田の情報はいつの間にか古くなって埋もれてしまうことになります。特に、検索してもTOP画面に表示されなければ、正しい情報は目に付かず、検索上位を占める嘘情報が正当だと思わせることができます。

だから、たとえ、「もしかして…」という疑問が生じて調べようと思っても正しい情報に辿り着けないようになっているのです。だから、この事件も問題が大きくなったし、歴史問題も多くの国民は嘘を見抜けない。
中国も南朝鮮もそういったネットでの情報操作をする国です。お嬢様が大統領になれたのも、ネットによる情報操作が功を奏したんでしたよね。VANK（韓国に関する情報宣伝工作活動を行う民間組織）もそうですが、ネットでの情報戦という面では、日本は南朝鮮よりも少し遅れているのが現状です。

正当性は日本にあり、また、人口も日本の方が多い。そうなると、正攻法でいけば日本が勝てるということになります。

南朝鮮との情報戦に勝つためには、どれだけ多くの情報を発信できるかが勝敗を決めます。そのための一助として、私も情報を発信できればと考えているのです。

（捏造はお手の物。ネットで拡散させることが〝正当性〟を得る方法と信じているのです　2015・4・1）

黒人を人種カースト最底辺に差別

◆米ボルティモア暴動、各地で抗議デモ（2015・5・1　東亜日報）

米ボルティモアの暴動は29日に3日目を迎え、再び緊張が高まっている。CNNなど、米国メディアは同日午後から、人々が徐々に市内に集まり、大規模な抗議デモを行おうとしていると報じた。駅に集まった数千人の人々は、「黒人の命も重要だ」と書かれたプラカードを持って、市役所に向かって行進した。特にデモ隊は、警察が調査結果を非公開にしたことに反発し、速やかに事件の全貌を公開するよう要求した。

今回の暴動で、韓国系の店舗42ヵ所が放火または略奪被害を受け、3人が負傷したことが分かった。駐米韓国大使館関係者は、「27日以降、さらなる被害はない」とし、「正確な被害規模などを把握し、州や市当局と協議して、できるだけ迅速に補償を受けることができるよう支援する」と述べた。

どうして、黒人は白人ではなく、「韓国人」を狙うのでしょうか。単により弱い存在であるならもっとマイノリティはいるはずなのに、敢えて、韓国人を狙う。

実は、この原因を当事者である私たちは全く分かっていないのです。

アメリカでは、黒人は差別される対象とされますが、韓国人もまた黒人を差別します。

私たちの中には人種序列があり、国としては、

アメリカ＞韓国＞日本

のように考えていますが、人種としては、

ＷＡＳＰ＞韓国人＞白人＞日本人＞中国人＞その他アジア人＞黒人

というように、黒人を人種カーストの最底辺に置いているのです。
ただ、これだけでは、こういった襲撃は起こりません。襲撃が起こる本当の原因は、私たちが加害行為をしても自分は加害者だと思わない人種だからなのです。

分かりやすい例として、３月にあった、駐韓米国大使襲撃テロがあります。リッパート大使は自分がどういった行動に出るべきか、非常に頭が切れる方なのでしょう。米韓同盟を考え、好意的な発言をしました。日本でもライシャワー大使が襲撃後、日本に好意的な発言をしましたが、その時の国民の態度は１８０度違ったものでした。
日本人はその度量の広さに恐縮し、韓国人は逆に狂喜乱舞する。自らを加害者だと認めた日本と、自らは加害者だとは考えていない韓国との差がこういった違いを浮き彫りにさせたのです。

ちなみに、この時のテロリストは車いすに乗せられ、救急車で病院に運ばれていましたが、リッパート大使はより重症だったのに、救急車ではなかった事からも、このテロリスト自体、自分が犯罪者だという意識は低かったのです。

黒人に対してもそう。黒人街に格安店を開き、黒人が経営する競合店を潰し、その後値上げをするといった、最も嫌われる経営手法を平気で行います。そして、お客さんの中でも韓国人と黒人では明らかな差別を行う。

だから襲撃されたのです。

ちなみに、今回の襲撃は食料品店と美容室が集中的に狙われたのですが、美容室に関してはウィッグに絡んで狙われるんですね。１９８０年代、ウィッグは黒人社会がその販売の多くを占めていました。そこに入ってきたのが韓国人で、今はその販売の多くを韓国人に奪われてしまったのです。

もう、襲われて当たり前のことをし続けているんですよ。襲撃は良くない。ですが、それまでの経緯があまりにも韓国人側が悪すぎる。そして、それに気が付かない。

ホントウニモウ…。

（どうしてアメリカの黒人は韓国人を襲撃するのか　２０１５・５・５）

警告！　韓国の学校崩壊は近未来の日本の姿

◆何度も体を密着させてくる生徒を平手打ちした女性教諭の悪夢（２０１５・２・３　朝鮮日報）

教師らの間では生徒たちの生活指導を諦める雰囲気が拡散している。首都圏の高校で生活指導部長を務めるＤさんは「生活指導部長はどの教師も引き受けたがらず、くじ引きで決めている。誰もが避けたがる生活指導部は、そのほとんどが契約制の教師に任せるのが現実」と現場の事情に触れた。Ｄさんは「生徒の人権に対する概念を過って理解した一部の生徒たちが『授業時間に寝たり食事したりする権利』を叫びつつ食って掛かってきても、教師には制止するすべがない」と頭を抱える。

今更ながらこの記事を取り上げたのは、過去の私たちの行いを顧みて欲しいと思うからです。

私たちが民族学校への通学から日本の学校にシフトして行くに従い、過去の私たちの行いによって日本人から距離を置かれることになりました。これは差別、ではなく、関わり合いを持ちたくないという、言外のものだったのですが、それに対して私たちは反省をせずに、教師個人を狙い撃ちすることにしました。

私の若い頃にはよく、「〇〇学校の〇〇先生を標的に！」といった連絡が回ってきたものですが、手を出す教師は正直、格好の標的になったのですね。これは既にモデルケースとして南朝鮮で行われていたから、簡単に模倣できたのです。ただし、これが将来どういった影響を与えるかについては全く考えていなかったようで…。

で、民団は日教組と繋がっていたこともあり、日教組に所属していない教師は、私たちからと日教組からの両方から圧迫されることになり、一時期、日教組は非常に大きな組織になったのですが、この吊るし上げが次第に日本の教育界を窮屈にさせ、最終的には日教組そのものの弱体化へと向かわせたのです。

正直、南朝鮮の教育現場は荒れています。力を持てない教師しか存在しない故に、学級崩壊というより、学校社会が崩壊している。教育は辛うじて行えるけど、自分の考えを持って行動する、という事ができない子たちを量産する工場へと成り下がってしまっているのです。

日本もこのままいけば近い将来、こういった教育しかできなくなってしまいます。

日本の教育現場で行われてきた道徳教育をもっと時間を割いて行い、日本人としての人格形成を行っていかなければいけないという、この記事の世界は近未来の日本であるという警告でもあるのです。

（韓国の学校崩壊は近未来の日本　２０１８・１・14）

三権分立が完全に崩壊

◆【萬物相】「国民請願」があふれる韓国社会（2018・3・4 朝鮮日報）

今年の初め、検察と警察が「クジラの肉」をめぐって対立を起こした。警察が押収した鯨肉を検察が業者に返還してやると、動物保護団体が検事を警察に告発した。それでも検察がびくともしなかったので、この団体は韓国大統領府（青瓦台）に駆け込んだ。「青瓦台が真相を明らかにしてほしい」と請願を出し、民政首席に手紙も書いた。同じような請願がおよそ20件、後に続いた。

韓国国民の声を聞く窓口に、何かにつけて大統領府の秘書らが口を出すのも問題だ。民政首席は「堕胎罪の答弁」に乗り出したが、カトリック界の反発を買った。ニューメディア秘書官は、サムスン事件の裁判長罷免要求請願をめぐって「国民の意思を傾聴すべき」と言った。秘書官が裁判にあれこれ言う権限を、誰が与えたのか。そんなことだから、誰もかれも皆、問題を青瓦台に持っていって決着をつけたいという風潮が生じた。任鍾皙（イム・ジョンソク）秘書室長は2月21日、「答弁するには不適切な請願が多く、悩んでいる」と語った。悩むようなことではない。大統領府の秘書は手を引き、そもそも趣旨にそぐわない主張は取り除くことができるよう、システムを改善すべきだ。

この記事の最も言いたい事は、南朝鮮の三権分立は破壊されている、という事です。三権とは国会（立法府）、内閣（行政府）、最高裁（司法府）の事を指していて、この三権がそれぞれ分離している事で権力の濫用を防ぐようにしています。

で、南朝鮮の現状はと言うと、お月様（行政）は数と逮捕（me too運動も利用して反旗に対して牽制）によって立法府を実質支配し、また、司法府に関しても直接干渉することでその権威を削ぐ事に成功しました。司法府から権威を奪うのにお月様が利用したのが国民請願です。何せ、たった20万人の署名があれば大統領府は答弁をするのです。

アメリカは10万人で請願できるぞ！と言われる人もいるかもしれませんが、アメリカは却下される事も少なくありませんが、南朝鮮の場合は答弁が確約されているのですから、20万人集めさえすれば、何年もかかる裁判の結果を待たずに国としての立場が判明するのです。

もう、司法府なんて要らない、と言っているようなものです。

要するに、現在の南朝鮮は行政府のみで立法も司法も動かしている、完全に三権分立が破壊された状態と言えるのです。

もう一つ、この記事から読み取れるのは、クジラについて。

南朝鮮は国際捕鯨委員会（ＩＷＣ）の一員として、１９８６年以来捕鯨を禁止しています。調査捕鯨や商業捕鯨は一切行われていない、というのが南朝鮮の立場です。

ところが、実際はと言うと、大型クジラ類の違法捕鯨は２０１０年で７８３頭にも及ぶのです。日本はと言うと、同じ２０１０年で４４０頭あまり。南朝鮮は確かに調査捕鯨や商業捕鯨はしていないかも知れませんが、違法捕鯨は日本よりもはるかに多い頭数を行っていたのですね。

で、この記事にある「クジラ肉」に関する対立というのは、違法捕鯨の鯨肉27トン（時価総額40億ウォン）を押収したにも拘わらず、21トンを被疑者に返してしまったというもの。警察が頑張って違法捕鯨を取り締まろうとしても圧力に屈した司法府が被疑者に〝返却〟してしまったのです。

この27トンというのは南朝鮮で〝適法〟に流通する鯨肉のおよそ半量にもなりますが、この適法というのは以前（のブログ）にも紹介した混獲によるもの。ところが、南朝鮮の大型クジラ類の混獲量は、ナント世界の３分の１にも及びます。

ところが、南朝鮮人は日本人に対して調査捕鯨は悪だ！と言うのですから、その前に自分たちの腹に収まっている鯨肉はどうやって得られたかを知るべきでしょう。

要するに、南朝鮮という国は現代民主主義のシステムは破壊され、国民もまた違法状態に慣れきっている状態であるという事がこの記事の裏には隠されているのですね。

（行政が司法を破壊した韓国　２０１８・３・４）

全ての在日朝鮮人が在日「韓国人」である理由

私の名前はモロ朝鮮系の名前ですから、
出会った方によく
「(南北の）どちらですか？」と聞かれることがあります。

正直、私の祖父の頃は分断していなかった事もあり、私自身はあまりどっちという感覚はないのですが、多くの場合、民団系か総連系のどちらか、ということになります。
ただ、多くの在日朝鮮人はあまり民団や総連とは縁がなく、組織離れが進んでいるのが実情です。

反日行動を起こす在日朝鮮人はごくごく一部だということで、多くの在日朝鮮人は、日本に溶け込んで無害な寄生虫化しているのです。

私は在日朝鮮人、と書きますが、この表現は他に在日韓国人はあっても在日北朝鮮人は目にしないと思います。これには理由があります。

実は、日本の制度上、北朝鮮人はいないことになっているのです。

これは南朝鮮と国交樹立の際に、南朝鮮政府は北朝鮮は南朝鮮の一部であり、将来的に統一する、という前提であると日本政府に強く求め、北朝鮮と国交が樹立できていない現状では、日本にいる全ての在日朝鮮人は在日韓国人ということになっています。

私が持っている外国人登録証には「韓国」と書いていますが、中には「朝鮮」と書いている人もいます。原則、韓国表記が民団系で朝鮮表記が総連系ですが、日本の制度上はどちらも〝韓国人〟扱い、という訳です。

ですから「(南北の)どちらですか?」の答えは、国籍としては南朝鮮 only となり、思想として民団系か総連系という回答になります。

ということで、拉致問題の賠償責任が南朝鮮にあるという根拠もここにあるのです。

南朝鮮が北朝鮮を認めず、それを日本にも強要した歴史があります。

それならば南朝鮮人が組織立って武力をもって行った拉致に対して、南朝鮮政府は謝罪と賠償をしなければいけないのです。

(日本には北朝鮮人は一人もいない　2014・7・30)

「また行きたい！」韓国人が訪問した最高の旅行先は日本

◆韓国人が訪問した最高の旅行先は「日本」…必ず行ってみたい旅行先は？

（２０１５・５　29　朝鮮日報）

韓国人が訪問した最高の旅行先は日本であることが分かった。

韓国のインターネット書店「Ｙｅｓ24」はウェブサイトを通じて３月24日から１カ月間実施したアンケート調査「私たちが選ぶ最高の旅行先」の結果を29日、公表した。調査結果によると、男女共にそれぞれ14・１％、11・８％の得票率で日本が「私が行った最高の旅行先」に選ばれた。

私の知る南朝鮮人が口を揃えて言うことがあります。

「日本にまた行きたい！」

何が彼らを虜にするのでしょうか。それはやはり「もてなしの心」でしょうか。日本に来たことがない南朝鮮同胞は「もてなし」をただ単にペコペコするだけだと思っています。ですが、「もてなしの心」は相手を慮《おもんぱか》り、相手が望む事を叶えてあげたいという心、相手に満足してもらいたいという心なんですね。

相手の事を考えた接客だから、サービスを受けていて心地が良いのです。

これは、日本が誇れる世界最高ランクのサービスだと金田は考えます。ですが、もちろん「もてなしの心」と対極とも言えるサービスもあります。利益だけを考え、どうしたら相手から少しの労力で多くの報酬を貰えるか、義務を果たさず権利を要求するにはどうしたら良いか、そう考える国もあります。

残念ながら、我が祖国です。

私の知る反日同胞が、愛する祖国に初めて行った時の事です。彼はとても熱心な活動家で、沖縄にも行くくらいなんですね。いわゆるプロ市民だったのです。彼は祖国マンセーですから、余程、祖国に幻想的なイメージでも持っていたんでしょう。

ですから、日本のサービスに慣れている彼は、祖国に行った時にカルチャーショックを受けたそうです。あまりにもサービスが悪いからです。しかも、自分の下手な朝鮮語をコソコソ笑っているんだそうです。

彼の反日思想はその体験によって修正される事はなかった、とは言え、それ以来、彼が反日活動を行う事はなくなりました。彼曰く、情熱が失せたんだそうです。

南朝鮮を訪れた観光客の40％は二度と行きたくないと言います。日本との違いに南朝鮮同胞はいつになったら気がつくんでしょうね。

（韓国人は「おもてなし」の良さは分かっても、学べない。２０１５・５・30）

差別用語が日常で飛び交う国

◆韓国の障害者や女性、２０１６年の年賀状に傷付く人も（２０１６・１・５ 朝鮮日報）

「さらばこの年（この女）！　オレはもっといい年（いい女）を迎えるんだ！　と言ったところで丙申年（病身女）」

これは、元旦に女性会社員のファンさん（32）のスマートフォンに同僚から送られてきたモバイル年賀状の文面だ。この年賀状をもらったファンさんは正月休み中、ずっと気分が悪かったという。ファンさんは「冗談で送ったのだと思うが、新年早々にののしり言葉が入った年賀状をもらって嫌な気持ちになった。障害者を蔑視（べっし）する言葉『病身（ビョンシン）』や、女性をさげすむ言葉と同じ発音になる言葉『年（ニョン）』を冗談で使っているので不愉快に感じた」と語った。

今年は「えと」で言えば「丙申（ひのえさる）」の年だ。「丙申」は韓国語で「ビョンシン」と読み、「病身」と同じ発音になるので、これをもじった新年のあいさつや冗談がインターネットやソーシャル・ネットワーキング・サービス（SNS）上に広まっている。中でも多いのが、障害者を差別したり、相手を見下す「病身」を「丙申」の代わりに使い、女性をさげすむ「ニョン」を「年」として、一緒に使うケースだ。

こうした冗談が流行していることについて、亜洲大学社会学科のノ・ミョンウ教授は「昨年、一部ネットユーザーの間で特にひどくなった、障害者・女性などの社会的弱者を嫌悪する攻撃的な傾向が一般の人々にも広まっている現象だろう」と説明した。

日本における差別用語云々に私たちが大きく関わっていることは多くの方もご存知の事と思います。

「片手落ち」は片腕がない人を連想させるからと言って、差別用語だ！というのも私たちが言い始めた言葉の一つですね。なぜ、そんな事をしたかというと理由は二つあります。

1）「チョン」だけを規制するのではあからさますぎるから。
2）日本語の形態を壊すため。

言語は長い時間をかけて作り上げてきたものですが、壊すには短時間で壊せるんですね。言葉は国と共に歩むものですから、言葉を壊せば国は滅びますから。だから、私たちは言葉狩りを行うことにしたのです。

で、この「言葉狩り」は私たちの文化でもあったりします。

例えば、昨年12月15日に南朝鮮の国会議員会館において「労働差別用語の実態と改善策の模索」という討論会が行われました。ちなみに、全国民主労働組合総連盟が主催ですから、言うまでもなくソッチ系の討論会ですが、ここでやり玉に挙げられた言葉の一つに「整理解雇」という言葉があります。

彼らに言わせると、整理解雇というのは「問題になったり、不必要な労働者をすっきりまとめて企業を体系的に正すための解雇」であり、解雇の責任が労働者にあると解釈されるんだそうです???

そんな考えの南朝鮮人に出会った事はありませんが、こういった言葉に難癖をつけるのは私たちの十八番ですから。

>社会的弱者を嫌悪する攻撃的な傾向

と記事では言いますが、確かに弱い者いじめで憂さ晴らしをする人たちは少なくない。それは事実ですが、それ以上に、自分を被害者にすることで社会的アゲを図ろうとする人たちがあまりにも増えすぎているのです。被害者様症候群ですね。

だからこそ、日本ではあまり聞かない「それって差別用語だろ?」という言葉が、ちょっとした言い合いの中に出てくることになるのです。

自分を被害者にすることで、相手の上に立てるという、社会的に珍しい構図が成り立つようになったのだから、今までのように相手を責め立てるだけではなく、「自分はこんなに弱い人間なのに」という鎧《よろい》を被るのです。まぁ、李朝時代から行われている伝統的な詐欺の手法なんですけど、こういったところだけは温故知新ができるんですよね。で、こういうものって「文化人」がすぐに何も考えもせずに乗っかってくるから、ますます言葉が不自由になる。それでなくても同音異義語が多すぎるのが朝鮮語の難点だというのに、更に使える言葉が減っているんですね。

「多文化」や「混血」なども差別用語ですし、「処女作」「脱北者」「ソウルに上る（日本で言う上京すると似た感じ）」「未亡人」「無職」「サラリーマン」なども差別用語なんですよ。本当に気持ち悪い。「サラリーマン」を「給与所得者」にしろとか、「無職」を「求職者」にしろだなんて、誰得なのかまったく不明です。

「未亡人」なんて「亡くなった～の夫人」と言い改めさせたりします。

まぁ、中には、

・欠損家庭→ひとり親家庭（日本語を取り入れる）

などのように、眉をひそめたくなるような表現もありましたが、そこはなぜだか日本語の言い回しを取り入れるという、〝日本由来排除〟の流れに逆らっていたりします。

もちろん、こんな用語を使わなくても差別ができるのが私たちで、テレビ番組で黒人の方が薄暗いところに座っているのを見て、司会者が「薄暗いところにいるとどこにいるか分からないですね」（表現を和らげています）などと平気で言えるような人が多いのですから。

こんな、規制の有無に関わらず、差別用語が飛び交い、また、言葉狩りを行う人たちが多い国では、言葉の破壊が急速に進みます。だからこそ、意思の疎通に苦しみ、言葉を理解できない国民が増えているのです。

（差別用語が日常で飛び交う韓国　２０１６・１・５）

日本のモラルを壊せ！「援交」を広めたのは在日だ

◆実践的？　韓国人向け日本語教材に「父親がやくざです」（２０１７・７・23 朝鮮日報）

とんでもない表現が掲載された「実戦日本語」の例文がインターネット上で話題を呼

んでいる。

16日、インターネットのある掲示板に『サユリの実戦日本語』というタイトルの書き込みが写真と共にアップされた。写真にはある日本語教材の内容の一部が写っている。

これを見たネットユーザーたちは「やはり会話はさまざまな状況を想定しなければ効率が上がらない」「完ぺきな生活日本語だ」などと書き込んでいる。

一言で言うならば〝自分のため〟に嘘をつくための日本語を覚えなさい、という教材。

「お腹が痛いんです。席を譲ってください」
「１００円くれたら道を教えてあげますよ」

この辺り、本当に私たちの本質を良く理解している…ということで、南朝鮮人の感想も「完ぺきな生活日本語だ」となるのです。恐らく、これは自虐的なものではなく、純粋にそういった感想を持ったのだと思いますよ。

で、なぜこんな記事を紹介したのか、というのが気になるところだと思います。

以前も書きましたが、この経済情報誌（朝鮮日報）日本語版の主な読者層は私たち在日。その私たちにこの記事から何を伝えたいのか、というのが本題です。

実は、この手の会話文、私たちが良く使う内容だったりします。念のためですが、全ての在日が辺野古には向かいませんし、反日デモに参加するのではない。もちろん、この会話文もまた、全ての在日が使っているワケではありません。

ただ、辺野古に向かう人も、反日デモに参加する人も、この会話文を使う人も同じカテゴリーに入る人たちなんですね。で、こういった記事を流すことで、この手の人たちに対して「この手の日本語をもっと使え」という指示にもなっているのです。

エンコウ（援交）は私たちから始まり、それを女子高生に、そして、バカな中年スケベオヤジたちに広めていきました。メディアを使えばこれくらい容易な事なんですね。同じような手法で韓流を広めていき、日本が女性差別国だということを広め、性的マイノリティ差別、児童虐待などの国であるかのように現実とは違う内容を事実のように広めました。

そして、日本のモラルもまた壊そうとしています。それがこの記事。

恐らく半年後には、この新聞記事の内容についても、日本人が使っているかのように報じる記事が朝日新聞あたりに出ると思いますよ。上記は全て、経済情報誌→朝日新聞という経路で広まっているというのが今までの流れですから。

（日本のモラルをどう壊すか　2017・7・23）

「嘘」が社会の潤滑油

◆文大統領は何を根拠に「低所得層の所得が増加」を主張したのか（2018・6・1　朝鮮日報）

文在寅（ムン・ジェイン）大統領は29日「1～3月期は所得下位20％の家計所得が減少し、所得の分配が悪化した。これはわれわれにとって非常につらいこと」とした上で「われわれの経済政策がうまくいっているか虚心坦懐に対話してみたい」と述べた。大統領自ら現政権における経済政策の目玉とされる「所得主導成長」の効果を改めて検討する考えを示したのだ。

ところが文大統領はそれから2日後に開催された国家財政戦略会議で「労働市場では賃金全体が増加し、とりわけ低賃金労働者の賃金が大きく増加した」「正社員も増加し、就業者の家計所得も大きく増加した。これは最低賃金の引き上げと所得主導成長の効果だ」として全く反対の趣旨の発言を行った。

文大統領の発言を受け、文大統領が今度は何の統計を根拠に所得主導成長の効果を強調したかが話題になっている。所得主導成長の効果を疑い始めた先月29日の発言については、統計庁による家計所得調査が根拠になっていることは確かだが、逆に所得主導成長の効果を強調した31日の発言の根拠は今もあいまいだからだ。

匿名を要求した国立シンクタンクのある関係者は「低所得層の所得が急激に減ったのは、要するに仕事を失ったためだ。しかし大統領の発言はこの部分についての説明が十分でない」と指摘した。

南朝鮮では14歳以上のおよそ100人に1人が詐欺被害に遭っています。WHOが2013年に発表した資料によると、犯罪に占める詐欺罪の割合はOECD加盟国中最多である事が分かりました。2013年で詐欺罪が27万4086件で2014年にはそれが39万7962件で、これが今も増え続けているのですから、安定の１位、という状態なんですね。

それだけ人を騙す人間が多いという証左なのですが、これについて面白い説を唱えている人物がいます。イ・ウォンボクという人物で、南朝鮮でそこそこ知られている「遠い国　隣の国」という反日色の強い漫画の著者ですね。この人の珍説が「南朝鮮は被害者の歴史に置かれたから嘘が多くなった。20世紀以降の現象だ」です。

オランダのヘンドリック・ハメルの著書『朝鮮幽囚記』に、「彼等（朝鮮人）は盗みをしたり、嘘をついたり、だましたりする強い傾向があります。彼等をあまり信用してはなりません。他人に損害を与えることは彼等にとって手柄と考えられ、恥辱とは考えられていません」とあります。

この他にも、私たちの祖先は嘘つきであるという記述は少なくない事から、イ何某の主張は荒唐無稽である事は間違いないでしょう。

それに、被害者の歴史といえば、日本は戦後、それこそ被害者の歴史に置かれたといっても過言ではありません。嘘の歴史を学校で教えられ、経済搾取が続けられている国は世界的に見てもそう多くはないでしょう。それでも日本人は南朝鮮人に比べると嘘をつきません。ここから見ても、イ何某の説は間違いとしか言えないですね。

「南朝鮮人は嘘つき」

というのも、別に日本人がそう言い始めたことではありません。一部の在日同胞の人たちは、これをネトウヨが広めた！と言いますが、実際は以前から南朝鮮国内で言われていた事ですね。ただ、ハングルを解する人が日本にも増えてきたことから、そういった南朝鮮国内で言われていた事が日本にも伝わるようになっただけ。そこは私たちも勘違いしないようにしないと。

南朝鮮で嘘が息をするように出てくるのは、嘘が悪い事だ、と分かりにくい社会構造だからなんですね。一つは、多くの経済的成功者は嘘をついているから。その嘘が暴かれても、僅かな罰金で済んでしまう司法制度もそれを後押ししています。嘘をついても罰せられないのですね。

そして、南朝鮮の発展は独裁的な指導者と賄賂により行われてきた事も関係します。嘘も金の力で捻じ曲げられる事が私たちの生活の中で事実として行われてきた。嘘をつくと利益が転がり込むのですね。

この記事にあるように、事実を隠して、ある部分だけを拡大して報じる事もよく行われています。その部分だけを見れば純然たる嘘ではないから、他者からの追求を躱《かわ》しやすい事から、手軽に行われる嘘の手法ですね。嘘をついても追求されにくくなったのですね。

私たちの社会構造は嘘をつく事で循環し、利益を得るようになっている。だから、嘘つきがより多くなったのです。

（韓国人に嘘つきが多いのは日本のせい？　２０１８・６・１）

――今、ホットな話題である徴用工問題ですが、実は朝鮮人の徴用が開始された１９４４年９月以降も日本に渡航した人数は増えていませんでした。

日本に渡航する際には「渡航証明書」というものが発行されます。日本に密入国したのでなければ必ず、この渡航証明書が発行されますので、これを調べれば本当に１９４４年、朝鮮人が日本に渡ったかどうかを知る事ができます。

戦時徴用が始まる１９４３年、朝鮮から日本に渡った人数は40万１０５９人。それに対して１９４４年の渡航者は40万３７３７人（森田芳夫『在日朝鮮人処遇の推移と現状』法務研究報告書第43集第３号、１９５５年より）。実は、戦時徴用で日本に渡ったとされる徴用工は多くない、というのがこのことからも証明できるのです。

それでは戦後、日本に残った在日朝鮮人はどういった人たちだったのでしょうか？

２００８年４月４日の「済州の音」に掲載された「日政府、４・３政治亡命者２万名密航者を弾圧」という記事があります。（http://www.jejusori.net/news/articleView.html?idxno=45427 参照）

「４・３」とは済州島四・三事件の事で、６万人もの済州島島民が虐殺された事件です。この時、２万人もの島民が日本に不法入国を行っているのですが、日本側は不法入国、韓国側は政治亡命だという主張です。

どちらにしろ、韓国側はこういった事実を公表せず、結果として、現在の在日朝鮮人は日本による連行だ、と言うのですが、日本側も彼らに忖度《そんたく》してなのか、こういった史料を持っていても反論しないのです。

嘘を言っても反論しないのですから、嘘を重ねれば重ねるだけ利になります。日韓関係で彼らが嘘つきになるのは、ロクな反論をしなかった日本政府、特に外務省にも問題があったのです。

第3章　日本人の常識を超えた「南朝鮮型儒教」

貧乏な親、不細工な親は「悪」

◆「養育費を返して」　息子相手に親不孝訴訟を起こした結果は…（2015・5・23 東亜日報）

A氏（63）は1月6日、光州（クァンジュ）地裁に、息子（27）を相手に親不孝訴訟を起こした。息子が成人するまで、20年間育ててきたのに、自分の面倒をおろそかにしたというのが訴訟の事由だ。氏は1日当たり2万ウォンずつ、20年間の養育費として1億4400万ウォンを息子が支払う義務があると主張した。

A氏は、全羅南道（チョルラナムド）の刑務所で受刑生活をしていて、脳出血などを患っているが、息子が自分の苦しみに背を向け、薬代やお小遣いを払わないなど、親不孝をしたと主張した。しかし、親不孝訴訟の結果は、父親の敗訴で終わった。

光州地裁民事12部（黄正洙部長判事）は、A氏が息子を相手に起こした親不孝訴訟で、原告の請求を却下したと、21日明らかにした。裁判部は、親不孝行為による損害賠償を請求する訴訟であることを考慮しても、父親の主張だけでは息子が親不孝や違法行為を行ったと認められないと判断した。

裁判部は、「父親は未成年者の子供に対して、法律上養育する義務がある」とし、「息子が未成年者の時に父親から面倒を見てもらったとしても、法律上原因の無い利益を手にし、損害を及ぼしたわけではない」と指摘した。訴訟費用も当然、父親が払わなければならない。法曹界の内外では、「未成年の子供への養育は天倫であり、親の義務だということを改めて確認した判決だ」という評価が出ている。

この記事には儒教の要素も詰まっているんですね。

一つは、子の養育義務について、
もう一つが、親の扶養義務について、
そして、〝悪〟に関すること、
ここまで南朝鮮儒教の今を知る判決ってそうはないですよ。

先ず、子の扶養義務について。
現在は、子が生まれたら大学まで卒業させる、なるべくスペックを積ませてあげる、というのが扶養義務として一般化しています。その間の養育費用は当然の出費であり、それは、将来の親の扶養という見返りとしての投資と考える人も少なくありません。

ところが、この判決は、親の扶養義務に関しては、義務と捉えていないんですね。薬代やおこづかい（？）を支払わなくても、それは扶養義務違反とは考えない。親不孝とも考えないし、もちろんのこと違法行為でもないんですね。

もちろん、子としては恐らく現状は心苦しいのでしょう。

ですが、親が悪になってしまった（受刑者となった）のであれば、その悪に寄り添えば自分も悪に染まってしまう。それは儒教的に避けなければいけないから、たとえ親であっても距離を置こうとするのです。ですから自然と扶養義務の放棄になるんですね。

これって、ずい分と自分本位の解釈だと思うんですが、現在は南朝鮮全体がそうなっているんですね。親が貧乏、というのも悪。親が不細工というのも悪。親が農家、漁業、破産した…なども悪。時には、地方に住んでいるから悪、と言う人もいます。

こういった考えが広く浸透してしまったから、高齢者の貧困はより酷くなり、苦しい状況に陥ってしまうのです。

（儒教の悪いところだけ残って良い面は…　２０１５・５・24）

金、地位、名誉がない高齢者も「悪」

◆【TV朝鮮の目】「病んでも死んでも返金しないよ」…ガプジルする老人ホーム（2016・3・17 Chosun.com）

老人ホームにおいて死亡や重病などといった避けられない契約解約に対しても過度な違約金を請求するなどといった「カプジル」している状況が明らかになった。韓国消費者院が老人ホームに関連する苦情事例を調査した結果、保証金を戻さなかったり、違約金を過度に払わせる被害が65％で最も多かった。数億ウォンもの保証金を損かっても、保証保険加入やチョンセ権設定など金融安全措置を取らないところも3分の2に達することも調査された。消費者院は関係部署に老人ホーム契約条件の改善について建議したと明らかにした。

記事の話の前に単語の解説を。

〝실버타운〟は老人ホームのこと。機械翻訳だと「シルバータウン」となって、高齢者ばかりの街でもあるかのような表記になりますが、そんな大層な意味ではありません。

日本でいう「マンション表記」と同じで、日本が「ホーム」を使うなら「よりグレードアップ感の強いタウンでいいんじゃね？」となったに過ぎません。

そして、特に覚えて欲しい単語が〝갑질〟。金田はカプジルとそのまま表記しましたが、これは「強者が弱者に対して不利益な要求や行為をする」という意味の単語で、パワハラに近いけど、パワハラよりもより強権的な意味合いを含む単語です。日本語にはこれにしっくりくる単語はないので私たちを理解できる単語の一つです。

日本でもこの手の問題が表面化することがありますが、少なからず在日が運営に関係する老人ホームで見られる問題なのは、この記事と無関係ではありません。

南朝鮮儒教でいう「高齢者を敬う」というのはお金があり、地位や名誉がある〝健康な生存者〟に対して行うもので、お金もなく、地位も名誉もなければそれは単なる〝悪〟の存在でしかありません。また、その高齢者の家族が権力者でなければ、それは単なる人でしかなく、契約外の人との交渉の場に事業者が立つはずがありません。

しかも、この補償金はチョンセ（伝貰：韓国の家賃制度）とは異なり、必ずしも全額返さなくても良いという、事業者にとってはとても美味しい契約なのですから、〝悪〟からお金を取り上げることに関して躊躇《ちゅうちょ》するはずがないんですね。
という背景の元に生まれた問題がこの記事の内容です。

ただ、この記事では触れていませんが、この問題は２０１２年から２０１５年までの4年間に消費者院に寄せられた81件の苦情による記事なんですね。その中の65％ですから年間わずか12件ほどでしょうか。正直なところよく聞く問題ではあるけど、多発している問題ではないのです。

それなのに何故、消費者院はこの件を取り上げ、他のメディアでも一斉にこの問題を報道したのでしょうか。それは、南朝鮮にとって、この老人ホーム問題はこれからの問題だから。

少し古い数字ですが、２０１２年、南朝鮮における老人ホームは有料養老施設と有料老人療養施設を合わせても２３５施設しかなく、定員もそれぞれ２６３６人と３８７４人の計６５１０人分しかありません。日本の介護付き有料老人ホームの２９７４施設の定員17万１３９２人に比べるとあまりにも貧弱です。

南朝鮮は従来型の家族に高齢者の世話をさせることの限界と、そして、老人施設を増やすことで就業者を増やしたいと考えているのです（現在、上記施設の就労者数は日本の9万6151人に対して南朝鮮は2168人。将来的には日本の半分、4〜5万人にしたい）。

そうであれば、悪い芽は今のうちに摘んでおこうということになり、今回の記事につながったのですが…。

記事にある「老人ホーム契約条件の改善」というのは、消費者院に言わせると違約金や管理などの変更方法などについての改善だそうですが、法はあっても守らないのが私たち。カプジル社会である南朝鮮で、こんなオイシイ案件を事業者がみすみす手放すはずがなく、南朝鮮の老人ホーム問題はさらに混沌の世界に突入しそうな予感がします。

（高齢者からシボれるだけシボろう、という社会　2016・3・17）

感情が法に勝る国

◆日本政府、元勤労挺身隊の女性に１９９円支給（２０１５・２・25 朝鮮日報）

日本政府が最近、第2次大戦中に勤労挺身（ていしん）隊として動員された女性３人に対し、厚生年金の脱退手当金として１９９円ずつ支給していたことが分かった。日本政府は２００９年にも、元勤労挺身隊の女性たちに対し、同様に一人当たり99円を支給し、論議を呼んでいた。

原告たちは「市民の会」を支援する日本側の弁護士に訴訟を委任していたが、日本政府は最近「ヤン・ヨンスさん、キム・ジェリムさん、シム・ソンエさんについては、一定期間の厚生年金への加入が認められる」として、代理人の銀行口座に一人当たり１９９円を支給した。だが、オ・ギルエさんの遺族に対しては「（厚生年金への）加入期間が6カ月に満たない」として、脱退手当金を支給しなかった。

日本政府は２００９年、ヤン・グムドクさんなど8人に対し、厚生年金の脱退手当金として一人当たり99円を支給し、反発を招いた。市民団体などは日本製品の不買運動や抗議デモを行い、８人のうち5人は三菱重工業を相手取って損害賠償請求訴訟を起こした。光州地裁民事12部は2013年11月、三菱重工業に対し、直接の被害者である4人に1億5000万ウォン（現在のレートで約1610万円、以下同じ）ずつ、遺族1人には8000万ウォン（約860万円）の慰謝料を支払うよう命じる判決を下し、現在控訴審の審理が行われている。

法治と徳治という言葉があります。

法によって治める。
徳によって治める。

この違いが日本、中国、南朝鮮では非常に大きいんですね。

よく、南朝鮮は法の上に感情があると言いますが、これは法治国家ではないのだから仕方がないことです。法治ではあるが法治国家ではないのです。日本は法治国家ですが欧米の法治国家とも違う、日本独自の法治国家ですよね。そこの違いが分かると、この記事が読めてきます。

欧米の法治国家はユダヤ教がその起源と言えます。

神との契約に基づき生活の規範や規則が生じる。その契約違反は即ち神に背くことである、というのが根本にあるのですから、法を守ることは宗教に基づいて生まれた人にとっては非常に大切なことですが、これはあくまで唯一絶対神と個の関係であり、他者の介在は希薄です。


日本の法治国家は神道に基づきます。

欧米とは違い、裁きの神だけに対する法ではなく、豊穣を与える神や、その執り成しをしてくださる天皇陛下に導かれ「浄明正直」に生き「惟神の道《かんながら》」を歩む事を教えられてきました。その中では、多神と個の関係だけでなく、他者との関わりが関係するので、日本独自の「他人に迷惑をかけない」という思想が法の根底にあります。


南朝鮮は儒教がその根底にあります。

儒教にも法が存在します。法は杓子定規であり因果が同じであれば応報も同じでなければいけない、というものですが、それでは時に禍根を残すこともあります。その感情的な部分を治めるには徳治により対応しようと考えたのです。ところがこの徳治はその時の権力者が決める曖昧なものですから、時と場合によって大きく判断が異なる事が少なくありません。南朝鮮は表面上法治に見えますが実際は徳治国家になります。

２００９年、日本が１９９円や99円を支払ったのは日本の法治に基づきます。欧米なら絶対に支払わなかった事例でしょうが、他者との関わりを重視する判決から支払いが決まる訳です。ところが、法治国家ではない南朝鮮は国内の判例で比較しようがない日本の判例を、見た目が同じに見える欧米の判例に求めるわけです。

すると、日本の判例には統一基準がない、と言って問題視するんですね。なんで片や99円でもう一方は１９９円なのかと。要するに、判断基準のない判例は無効だ、という考えです。で、１９９円が１６１０万円とか遺族に８６０万円とかになるのは、そこに徳治が入り込むからです。

支払った、という事は非を認めた事になる。だが、その金額では私の感情が収まらない。だから高額な賠償になるんですね。そう、この訴訟には日本の司法に対して、全く別な制度を持ち込むから揉めているのです。だからこそ、当時の国際的な取り決めの下で行われた日韓基本条約に基づき〝全て〟を判断すべきでした。

そう、こんな裁判、99円とか支払う判断自体が間違い。一切の請求を門前払いが原則なのです。

（法治国家と徳治国家　2015・2・25）

「自分の利益が一番」これが南朝鮮型儒教の大原則

◆親日問題が指摘される与党代表の父「息子が靖国神社に祀られる光栄を」

（2015・9・17ハンギョレ）

「徴兵を送る半島の両親として、子供を喜んで捧げる心がけ

真の精神的内鮮一体化を図り忠実な皇国臣民になること」

新聞に「徴兵制称賛・軍用機献納を求める広告」を自らの名で掲載

最大の親日団体「臨戦報国団」発起人として参加
「皇軍将兵に感謝の電報」提案

民族問題研究所が金武星（キム・ムソン）セヌリ党代表の父親である金龍周（キム・ヨンジュ）氏の親日附逆（反民族的親日行為）問題と関連して追加史料を公開した。

民族問題研究所は17日、ソウル東大門（トンデムン）区の民族問題研究所5階で記者懇談会を開き、「親日派か、愛国者かという論争があった金龍周氏に関して基礎史料で検証した結果、明白な親日反民族行為者であると結論を下した」と明らかにした。民族問題研究所は「基本的には連座制に反対するが、金武星代表側が父親の親日附逆行跡を愛国に美化する内容で構成された評伝を発刊するなど、歴史を歪曲しているため検証に乗り出した」とその背景を説明した。

民族問題研究所のチョ・セヨル事務総長は「金龍周に対して親日派か、愛国者かという論議があったが、これには論争の余地がない。親日だが、どんな親日かが問題なのに、検証の結果慶尚北道地域の最も代表的な親日附逆者として明白な親日反民族行為者と規定しなければならない」と明らかにした。

南朝鮮型儒教の真骨頂ですねー。

日本にもありますが「親の七光り」。日本の場合は、たとえプラスの七光りでも時にはマイナスに作用する事がありますが、南朝鮮の場合、プラスの作用は更にプラスに作用する。「あの～の息子なら〝絶対〟間違いない」といった感じ。日本みたいに「お父さんは～なのに息子さんは大した事ないね」という割合が低いんですね。

能力が遺伝するといった事ではなく、これが南朝鮮型儒教なんです！としか言いようがない。根拠のない先祖崇拝（崇敬ではなく）が根付いているんです。

ところが、マイナス面もとことん強化されてしまう、というのも南朝鮮型儒教の特徴。

この金某氏は「愛国者の父」を持つことで政界でも力を持ったワケですが、その「愛国者の父」が今、南朝鮮で一番の重罪である「親日」家の父とカンバンが入れ替わったらどうなるか。どんな親日かどうかは関係なく、親日だから叩き潰される事になります。

現在、ソウル市長の朴某氏と次の大統領の座を争っているのがこの金某氏なんですね。で、元ハンギョレマンの朴某氏を援護するために、殊更、金某氏を追い落とそうとしている記事、という事です。そうなれば再び左派政権が南朝鮮にできる事になります。従北者やハンギョレ、そして、日本の共産党にとってこれほど嬉しい事はないでしょう。
そして、自分を上げるのではなく、相手を下げる事で相対的に自分が上がったように見せようとするのも南朝鮮型儒教。ディスカウント・ジャパンも同じ発想の下で行われています。

ですが面白いですよね。相手を親日認定してでもディスカウントしようというのが左派に多いって。
日本で生まれ育った金田としては、右派というのは民族主義的で外国に対しては排他的といった感覚を持っているんですね。だから日の丸を掲げ、天皇陛下を愛し、護国豊穣といった言葉が並びます。金田は右派、という事になりますかね。

ところが、反日を貫く南朝鮮では、そういった思想も〝反日〟のようなんですね。民族的で排外的思想は右派ではなく左派。こんなところまで反日でなくても良さそうなものなんですけどね。もちろん、共産主義的だから左派、福祉重視的だから左派、という面もあるにはあるんですけど、ごちゃ混ぜ感は拭えない。

なぜこんな右派左派という概念がごちゃ混ぜになってしまったのかというと、保守派がアメリカ様を宗主国として掲げたからですね。そうなると右派は〝基本〟大っぴらに反日に回れない。という事で、その役回りが左派に回ってきたというワケ、だけではなく、これも南朝鮮型儒教のなせる技なんですね。

自分の利益が一番大切。

これが南朝鮮型儒教の大原則です。利益のためなら主義主張だってコロコロ変えるのは当然の事なんですね。ですから保守のお嬢様も反日全開でアメリカ様の立場なんて正直これっぽっちも考慮しない。

皆さん、南朝鮮が儒教の国だって考えちゃダメですよ！

（敵対する人（団体）は親日罪で潰す➡これは左派の常套手段　2015・9・19）

南朝鮮型儒教の「八欲」が韓国人を衝き動かす！

今日は初《しょ》っ端《ぱな》からカマしてしまいました。

そして、私は秋夕（チュソク）も兼ねて休みを頂いているのですが、残念ながら、というか当たり前ですが南朝鮮は平日なので、親戚が集まることもなく、ブラブラしていた次第です。

今日は、日本は敬老の日（今更で、申し訳ありません！）ですが、南朝鮮にも日本を真似た制度が未だに根強く残っています。

ですが、南朝鮮では「敬老の日」とは言わないんですね。

なぜなら高齢者は敬うのが当たり前、という事になっていますから。

という事で南朝鮮では노인의 날（高齢者の日）というストレートな名称となっています。で、ハングル版wikiを見てみると、

경로효친 사상을 앙양하고, 전통문화를 계승 발전시켜온 노인들의 노고를 치하하기 위해 제정한 법정기념일로 매년 10월 2일이다.

敬老孝親思想を高揚し、伝統文化を継承発展させてきた高齢者たちの苦労を労わるために制定された法廷記念日で毎年10月２日である。

「敬老孝親」ってなんじゃらホイ？　と思われるかも知れません。

文字通り「老いた親を敬い尽くしなさい」という意味ですが、ハッキリ言って南朝鮮では死語です。

私たちは「真意」を察する事が極端に苦手な民族ですから、最初から「敬老孝親の日」としないと、分からなくなります。その関係もあるからでしょうか、休日ではないんですね。

日本みたく、休みにしてまで高齢の方を労ろうなんざチリほども思っていません。

だからでしょうが、南朝鮮同胞は当然の如くこの日の存在を忘れています。

覚えている人は５月８日の父母の日にまとめてって感じでしょうかね。

まぁ、昨今の高齢者施策を見ていると納得できると思いますが、「敬老孝親」の思想は急速に南朝鮮では失われていて、儒学の八徳である「仁義礼智忠信孝悌」は、「暴食」「色欲」「強欲」「憂鬱」「憤怒」「怠惰」「虚飾」「傲慢」の八欲にとって変わりました。

私が唱える「南朝鮮型儒教」は、この八欲が思考の中心にあるのです。

親孝行、したい時には親はなし。金田ももっと孝行したかった。

（韓国の敬老の日について　２０１５・９・21）

南朝鮮的報道姿勢が色濃い朝日新聞

◆靖国爆発音：韓国政府の抗議に菅官房長官「政府とは無関係」（２０１５・12・11 朝鮮日報）

靖国神社（東京都千代田区）に爆発物が仕掛けられた事件の容疑者として逮捕された韓国人の男（27）の身元を公開した、日本メディアの報道姿勢をめぐり、韓国政府は10日、日本政府に抗議した。

菅義偉官房長官は、男の身元の公開について「政府とは関係のないことだ」と主張した。

菅官房長官はこの日、東京都内の首相官邸で行われた定例記者会見で「警察が顔写真を提供した事実は全くなく、メディアが独自にしたことではないのか。政府は全く関与していない」と述べた。

どうして、こんな厚顔無恥な恥知らずとも言える事を南朝鮮は行えるのでしょうか。実はここには日本人と南朝鮮人が絶対に分かり合えない部分が存在するからなんです。日本人は犯罪者の氏名は原則、公開です。これは社会的処罰を含むからであり、そうすることで犯罪の再発を防ごうとします。

南朝鮮の場合は犯罪者の氏名は原則、公開しません。経済情報誌（朝鮮日報）を見ていると分かると思いますが、犯罪者は大抵Ａ氏となります。そして、その容疑者が無罪であった時に初めて、氏名が公開されます。これは、犯罪の予防という概念が乏しいだけではなく、そういった犯罪者隠匿を社会的に容認する土壌があるからです。

南朝鮮人は心が広い、とは思わないでください。誰もが犯罪を犯す可能性が高いから、明日は我が身だからこそ氏名の公開を望まない土壌がある、という意味です。これも南朝鮮型儒教の影響ですね。

だからこそ、易犯罪傾向が強く見られるのですが、こういった犯罪者氏名の公開に関する考え方の違いをよく理解していない南朝鮮人は「よくも名前を晒したな！」と勝手に怒っているのです。これはもう民族的な違いと言っても良いでしょうか。

それなので日本のメディアは犯罪者の名前を公開するのは〝当たり前〟であり、日本政府が関係しなくても、この犯罪者は名前を晒されたのです。

朝日新聞が通名報道に徹するのは、こういった南朝鮮的報道姿勢が色濃いからでもあるんですね。

（日本と韓国の犯罪者に対する応対の違い　2015・12・11）

姦通罪が消え、男性以上に浮気に走る女性たち

◆［女性朝鮮］姦通罪廃止から1年　夫の浮気に対してどう向き合ったか

（2016・6・5 Chosun.com）

今や姦通は罪ではない。少なくとも刑法上は罪とされていない。姦通罪廃止を反対し

た立場の人からは、既婚者が不倫しやすくなることで離婚が急増するだろうと懸念されていた。果してそうなったであろうか。答から言えばこの1年間、離婚訴訟はむしろ減ったのである。

去年、新たに受付された離婚訴訟は3万9千件あまり。2014年度の4万1千余件より4％ほど減少した数値だ。訴訟だけではない。協議離婚の受付も減った。同じ時期で10万9395件であり前年の11万3388件に比べて3・5％減少した。

この事について専門家は「以前は姦通現場を目撃すると不倫の証拠として採択することができたが、今は文字メッセージなど証拠範囲が広がった。しかし立証責任が個人に対して課せられるので離婚訴訟や被害訴訟を出すのがより難しくなった状況」と言った。

「（姦通罪が）廃止された当初は、問い合わせの電話が途方もなく多かった。これからはどうなって行くのか。そのまま我慢して暮さなければならないのかなど。ところが実際は、依頼の割合は廃止以降もそう変わることがなかったのですよ。もちろん、そういった状況においても浮気をする人の割合がとても高くなったりもしたのです。おもしろいのは男性からの依頼人の割合が前より高くなったということ。女性も秘密裏に浮気をしてきたという傍証です。今まで姦通罪で処罰されてしまうという心配で恐ろしくて静かにしていたが、これからは堂々と浮気できるのではないかと思います。夫が気をもみ始めたのです。実際に堂々と浮気する伴侶のため大変であるという相談者も多いのです。」

２０１５年2月、南朝鮮から姦通罪が消えました。これで気兼ねなく浮気ができるぞ！と喜んだのは束の間、男性以上に女性が浮気に走ってしまった、という記事です。

前に少し書きましたが、南朝鮮においては不倫は善です。より良い相手と結ばれることは善であり、たとえ結婚していても良い状態を追求するのは南朝鮮型儒教においてはどちらかというと推奨されるべき行為と言えます。

「娶るのは妻、愛するのは妾」という文化だったのが、女性の社会進出により、ダンナより高い給与を得る女性が増えてきた。そうなると、女性は古来からの風習で自分より優れた男性に囲われる事を欲します。そこで夫のステップアップを図ろうとするのですね。男性が強ければ起こらなかった事が、南朝鮮そのものの弱体化から男性の弱体化へと進み、そして、女性の不倫の蔓延へと向かわせたのです。

その結果どうなったかというと、浮気の経験割合が男女で逆転してしまい、男性の浮気経験率45％を大きく上回る55％もの浮気率となったのです。

南朝鮮社会において、男性は絶対的強者です。表向きは。ですが、その裏では女性がどんどん強くなって男性を捨てていく社会へとなってきている。それが異常なフェミニスト運動の台頭と活動の普遍化へと繋がっているのでしょうね。男女の対立というより、女性の台頭に対する男性の怖れが社会を包み始めているのですね。

（姦通罪廃止後、女性が堂々と不倫を始めた　２０１６・６・５）

悪を認めたことになるから慰安婦像は絶対に撤去しない！

◆慰安婦被害者ハルモニ「日本が謝罪しなければ金は受け取らない」（２０１６・８・29ハンギョレ）

「日本政府が、私たちの前で謝罪するまでは、お金を受け取ることはできません。１億（ウォン）でなく、１００億、１０００億ウォン（約90億円）でも受け取りません」

26日、日本軍「慰安婦」被害者ハルモニ（おばあさん）のキム・ボクドンさん（90）

は怒りを露わにした。韓日政府の12・28合意によって発足した「和解・癒やし財団」が、日本側が拠出する予定の10億円をハルモニたちに現金で分割支給するという方針を明らかにした翌日、キムさんはキル・ウォンオクさん(89)と共にソウル麻浦(マポ)区の韓国挺身隊対策協議会(挺対協)の憩いの場で記者会見に臨んだ。

キムさんは「安倍(首相)自らが法的に謝罪し、賠償をすることで、ハルモニたちの名誉を回復させるべきなのに、今さら慰労金だとして(差し出した)お金を受け取るのは、(韓国)政府がハルモニたちを売り渡すようなもの」だとしたうえで、「ここまで韓国政府がハルモニたちを苦しめたのは初めてだ」と声を荒げた。彼女はまた、「(日本政府から)そのお金をもらって少女像を撤去するというのではないか」としながら、「私たちは絶対にそうはさせない」と強調した。

南朝鮮に設置された慰安婦像の多くは不法設置です。

公有地を不法に占拠しているのですから、南朝鮮政府は粛々と法を遵守させれば、慰安婦像問題は一気に解決します。ところが、挺対協は政権よりも強い権力を持ち、政権にもポジションを得るほどですから。

ただ、その挺対協も次第に力を失ってきており、今では慰安婦の20％程しかついてきてもらえないような状況。発言力の低下を補うためには、声の大きな人間を用いるしかなく、それ故、ボットン（キム・ボクドン）がしゃしゃり出て来る事になります。

本題はそこではなく、私たちにとって謝罪とはなんぞや？　という点です。

先ず、私たちは謝らない文化を持っています。よく言われる事に、歩いていて肩がぶつかると日本人は「ごめんなさい」と言うが、南朝鮮人は「ふざけるな！」と言います。これは本質として、自分に甘く他人に厳しいというものがあり、「自分が悪い」と考える事は、自分のアイデンティティを否定する事になるからです。

朝鮮型儒教というものがあります。久しぶりですね。この語を使うのは。

儒教では性善説に基づき物事を考えますが、朝鮮型儒教はその「善」を取り繕うためには何かをすれば良いと考えます。例えば顔が不自由なら美容整形をし、お財布が不自由なら窃盗をし、より大きな利益を得るためには嘘も重ねます。何故なら、顔が不自由も、お金に困ることとも、大きな利益が得られないことも、私たちにとっては悪であると考えるからですね。

謝罪というのは自分が悪であるということを認めること。人を殺しても自分は悪ではないと思えるような人が多いのに、自ら謝罪するはずがない。それ故に、不法行為である慰安婦像の撤去は、私たちが悪であったことを認める行為であるから、絶対に撤去しないのです。

そして、相手に謝罪させることとは、自分のちっぽけな虚栄心を満たす数少ない方法の一つ。その上、利益と直結するのだから、過去の謝罪は痴呆の彼方に飛んでいき、「謝罪！」と連呼することになるのです。

金田もあの合意には思うところがあります。ですが、合意したのですから、それを粛々と守るのが人でしょう。約束を守れないようなのは人ではありません。さて、私たちはいつになったら人になることができるのか。

早く人間になりたい！

（慰安婦：韓国人にとって謝罪とはどういったものを指すのか　２０１６・８・30）

第４章　北朝鮮の思想に洗脳された韓国人

慰安婦問題は北朝鮮による韓国の国力削減の一つ

◆慰安婦被害者「少女像撤去は胸張り裂ける」　悲痛な訴え（2016・3・23　朝鮮日報）

【ロサンゼルス聯合ニュース】訪米中の韓国人慰安婦被害者、李容洙（イ・ヨンス）さんは22日（米太平洋時間）、核安全保障サミット（3月31〜4月1日、米ワシントン）を機に韓日首脳会談の開催が取り沙汰されていることに関連し「慰安婦被害者が望むのはカネではなく歴史的な真相究明と心からの謝罪だ」と訴えた。

李さんはこの日、米ロサンゼルス市議会から功労賞を贈られた後、「韓日政府は昨年合意したとおり、在韓日本大使館前の（慰安婦被害者を象徴する）少女像を撤去する代わりに（被害者を支援する）財団を設立すると聞いた。（少女像の撤去は）考えただけでも胸が張り裂け怒りがこみ上げてくる」と話した。

続けて、日本政府への要求事項として▼旧日本軍の慰安婦制度運営の認定▼慰安婦被害者に対する徹底した真相究明▼日本の国会による正式な謝罪▼法的賠償▼犯罪者の起訴▼徹底した慰安婦問題についての教育▼慰霊碑建設——など7項目を挙げた。

李さんは、「東京のど真ん中に少女像を建て、自分たちの先祖が私たちに行った蛮行を後世の人たちが見て記憶できるようにすべきだ」と強調した。

日本にある慰安婦支援団体（多くは在日同胞によるのですが）の多くは、北朝鮮に繋がっているのは今更言うまでもありません。彼らの目指すところは、日本が行った慰安婦に対する施策を南朝鮮にもさせることなんですね。アメリカ軍慰安婦、朝鮮軍慰安婦そしてベトナム人慰安婦及び現代の南朝鮮軍慰安婦に対する補償を南朝鮮政府にさせること。それが、最終的な慰安婦運動家の目指すものです。

なぜなら、北朝鮮が行っている南朝鮮の国力削減計画の一つがこの慰安婦問題ですから。

挺対協の活動は純粋に慰安婦ハルモニに対する善意で行われていないことは明確です。それ故に、今回の要求も南朝鮮に対する地雷となる要求が多いのですね。

例えば、「犯罪者の起訴」。

実際、慰安婦問題の〝実行犯〟の多くは日本人ではなく朝鮮人です。本当に起訴しようとしたら南朝鮮国内は大きな混乱をもたらすことになりますね。ましてや「運営の認定」なんて、そういった史料を出せば良いだけで、現在、日本軍が制度として運営していた史料は何一つない。こういった要求が南朝鮮のためにはならないことは、挺対協が一番よく知っていることでしょう。
ついでに書くなら、「カネはいらない」というくせに「法的賠償」って…。イハルモニ。まぁ、北朝鮮のために、南朝鮮を苦しめるタネを大いに蒔いてください。今は持ち上げてもらえるでしょうが、近い将来、あなたは〝国賊〟と言われることになります。

（慰安婦運動は北朝鮮のため。２０１６・３・23）

北朝鮮にとって南朝鮮は「約束の地」

◆［よろず屋］エリートの脱北（2016・8・19 Chosun.com）

先月、韓国に亡命したテ・ヨンホ（54）駐英北朝鮮大使は「革命3世代」に属する。

若い時に日帝を経験した1世代、6・25戦争の時代を過ごした2世代。1950年代半ばから70年代中盤にかけて生まれた。北朝鮮でそれなりに暮らせた時代に若き日を送り、11年という義務教育の恩恵を受けた。苦難の行軍の時の成長期を経た4世代と比べると3世代は「祝福を受けた世代」と言える。

▼北朝鮮は元々人材に恵まれた地だ。朝鮮500年もの間、平安道中州は漢陽の次に多くの科挙試験合格者を排出した。咸興は個性を凌駕した。大韓帝国末における西欧文明と新らたな教育を積極的に導入し早い時期に近代化を経験した所である。ここで生まれて教育を受けた知識人が解放と戦争を経ながら大挙南へ移動した。識見と血気を兼ね備えた北朝鮮知識人こそ金日成独裁に一番適応しにくい人々であった。その時が北朝鮮人材による初めてのエクソダスだった。その気質が今も残っているのであれば、2次エクソダスを期待しても良いのではないか。

▼問題は韓国だ。19年前亡命したファン・ジャンヨプ先生はテ・ヨンホよりずっと大物であった。あの時も北エリートの脱出を予測していたが静かであった。ロイヤルファミリーの李韓永の亡命の事実が公になった後も同様であった。北朝鮮の支配層が強固だったからか、そうでなければ私たち官吏が力不足であったからだろう。ファン先生はしばらく対北太陽政策の障害物としてもてなしを受けた。李韓永は暗殺の銃口すら避け

ることができなかった。北エリートこそテ・ヨンホの未来像をどきどきしながら眺めそうである。

懐かしい名前が並びましたが、朝鮮労働党の初期であったファン・ジャンヨプ（黄長燁）に対して「先生」としている点に、従北の重篤さが滲み出ていると、恐怖に似た感覚に襲われます。

さて、この記事の怖いところは従北傾向の深化もそうですが、「テ・ヨンホの未来像」に死を重ねているところです。暗殺計画があったファンと暗殺された李韓永。その２人を並べた上での未来像は暗殺しかありません。それを「どきどきしながら眺める」というのは、「こいつもどうせ殺されるよ」という思いと、南朝鮮という国は脱北者を守らないという宣言でもある。

言い換えると、南朝鮮という国は、南朝鮮という皮を被った北朝鮮であると言えるのかも知れない。

エクソダスというのは、本来は旧約聖書の出エジプト記の事を指す言葉ですが、そこに書かれているエジプトからの脱出から、大量の国外脱出のことを指す言葉としても使われています。

ここにわざわざ英語を用いるのは、記者自らがインテリだと言いたいのでしょうが、それと同時に、「北朝鮮にとって南朝鮮は約束の地である＝南朝鮮領は北朝鮮のものである」という意味を含めた隠語としても使っています。

そうなると、この記事が意味するのは、従北こそが本来あるべき姿で、それに背くものの先には死が待っているという意味になります。

こんな記事を臆面もなく出せる事にも驚きますが、これが南朝鮮では少数派ではないという点にも注意が必要で、そこに民団の総連化という、在日同胞が薄々感じ取っている事柄の裏付けにもなっているのです。

（韓国は脱北者を守らない。何故なら従北が深化しているから　２０１６・８・20）

北朝鮮が慰安婦合意以上に破棄させたかったGSOMIA

◆釜山の少女像前で「日本の謝罪求める横断幕」破られる（2017・1・8 朝鮮日報）

釜山市内の日本総領事館前で6日未明、旧日本軍の慰安婦被害者を象徴する「平和の少女像」の周囲にあった横断幕8枚のうち4枚が切り裂かれ、警察が捜査に乗り出した。横断幕には慰安婦問題に対する日本の謝罪と反省を求める文言が書かれている。

切り裂かれた横断幕には、韓日軍事情報包括保護協定（GSOMIA）の撤回、韓日政府による慰安婦合意の撤回、日本の謝罪などを求める内容と、日本総領事館前の少女像設立のために力を合わせた市民に感謝する内容が書かれていた。

こういった記事を見ると、「慰安婦関係の人って自作自演が多いなぁ」と思ってしまいます。

このあたりのズルさは日本が本当に私たちが言うところの〝兄弟国〟ならば、あっても良さそうなのに、見当たらないですよね。

金田が日南（日韓）両国を見てきての実感としてなのですが、北朝鮮に寄り添う人たちほどズルい奴らが多い。幼少からズルい奴は北朝鮮に感化される。そんな感じです。日本国内限定で言うならば、バカほど南朝鮮や北朝鮮寄りになる。これは頭の良さとかではなく、チョット考えれば分かるような嘘に騙されやすい人って意味。もちろん、ズルい奴は南朝鮮などの側につきます。どうしてでしょう？

で、この破かれた横断幕に書かれていることが相変わらずな内容なんですね。大きく二つ。ＧＳＯＭＩＡと慰安婦問題に関すること。

不思議じゃありません？

なぜ、慰安婦像の横断幕にＧＳＯＭＩＡが書かれているのかって。

これは北朝鮮にとってこのＧＳＯＭＩＡが脅威だからです。ちなみに釜山の市民はこの件をどう思っているのかというと、「お嬢様が強権的に締結したものなのだから日南慰安婦合意もＧＳＯＭＩＡもともに破棄すべき」という単純おバカな思想です。

完全に北側の思考に侵されてしまっているのです。

お嬢様が弾劾《だんがい》されるのであれば、今までの大統領は全員弾劾されるべき人たちでした。

ところが、今回、ここまで反お嬢様が広がった理由は、お嬢様が歴代最強とも言える反北者だったからです。反日も相当でしたが、それ以上に北朝鮮に対しては厳しく当たってきた。時には捏造っぽい事までして北朝鮮を非難してきた。

北朝鮮にとっては目の上のタンコブだったワケです。

そこで、経済の低迷に対する不満を背景に、自分たちだけ美味しい思いをしているという事を国民に吹き込んだのですね。だから、お嬢様のしてきた事はとことん否定しなければいけないのです。

しかも、GSOMIAは北朝鮮軍事に直接関わる非常に重要な案件。だからこそ、慰安婦合意以上に破棄させたいので、横断幕の始めに書かれたのがGSOMIAだったのです。

（北朝鮮の思想に洗脳された韓国人　2017・1・8）

韓国の北朝鮮化を進める文在寅大統領

◆【社説】李明博政権に報復、「積弊清算」を開始した文在寅政権（2017・9・15 朝鮮日報）

積弊清算などと言えば聞こえは良いが、その実態は前政権の清算だ。しかも今後の標的は前政権からその前の政権へと移りつつある。韓国の情報機関、国家情報院は李明博（イ・ミョンバク）政権当時「文化・芸能界の80人のブラックリスト」を検察に提出して捜査を依頼していた。これを口実に与党「共に民主党」は「李明博・元大統領の捜査」も口にし始めた。これまで国家情報院が国内で政治、社会、文化などさまざまな分野に介入した事実は確かに嘆かわしいことだ。しかしそれに対する捜査は「盧武鉉（ノ・ムヒョン）元大統領の自殺に対する報復」という性格がどうしても感じられる。今や報復の悪循環が再び動きだそうとしているが、このままでは過去にも常にそうだったように、現政権も5年後には間違いなく同じ仕打ちを受けるだろう。

お月様（文在寅）、今までにない素晴らしい素晴らしい意見のようですねー（棒）
新しい王は直前の王を否定する。

これが今までのやり方でした。

お嬢様は唯一と言える、それに失敗した女王でしたが、お月様は、女王を蹴落とし、更に今まで無傷に近かったネズミ王（李明博《イミョンバク》のこと）を今度は追い詰めよう、という、過去を更に裁く初めての王と言えます。


お月様のご主人様への忠誠といえば聞こえは良いですが、実際は保守派の息の根を止めて、南朝鮮を従北者の国にしようというだけの話ではあります。お月様の頭の中には恐らく日本共産党スタイルがあって、大統領終了後は未だに常任幹部会委員の不破某と同じように裏で組織を牛耳ろうという思惑があるようなのです。

それが、大統領権限の縮小。自分の代でそれを実現させる事ができれば、後は組織を牛耳るだけで政権は意のままに操れますから。


さて、このお月様、早速、ポチのように将軍様に尻尾を振っています。世界は北朝鮮に対する圧力で動いているのに、南朝鮮は「人道的支援」。お月様は、従北者の国に作り変え、最終的には朝鮮半島の北朝鮮化を進めようとしているのです。

そう考えると、お月様にとっては素晴らしい未来が待っているように思えますが、窮鼠お月様を噛むかもね。ノムたんが自殺した真相、ネズミがバラしたら下手したら左派が吹っ飛ぶかも知れませんよ。

（従北者のための韓国を作ろう！　2017・9・15）

ビットコインーウォン投機に絡む北朝鮮

◆仮想通貨規制に投資家が反発　金融監督当局トップ解任要求も＝韓国

（2018・1・11 Chosun.com）

【ソウル聯合ニュース】韓国政府が進めている仮想通貨市場への規制に投資家が反発し、金融監督当局トップの解任を求める声が上がっている。

青瓦台（大統領府）ホームページの国民請願掲示板に9日投稿された「仮想通貨投資者は文在寅（ムン・ジェイン）大統領の中心支持層である国民です」というタイトルの請願には11日午後までに1万4565人が同意した。

日本の民間投資家に広がっている、ビットコイン－ウォン投機。
簡単に概略を紹介すると、ビットコインとウォン相場は連動していない、という点を使い、ビットコインを売った際にウォンで受け取る事で為替差額で〝儲かる〟としています。しかも、これは南朝鮮政府の国策として行っているという怪しい情報も付加されているのですね。それだけでなく、今年の夏までの期間限定という、日本人が好きそうな条件付き。

これって、南朝鮮人にとってはとても儲かる仕組みなのですが、日本人にとってはウマソウに見えて実はリスクが小さくない取引なのです。まぁ、ここは詳しく書くには憚《はばか》られるのでこの程度に。

ただ、国策、というのは使い方が間違っていて、〝国策〟銀行という立場にある産業銀行がこの仮想口座開設に絡んでいただけでした。
ところが、この産業銀行は昨年末に新規口座の開設を凍結してしまった事は日本人投資家には伝わっていない。南朝鮮がこの手の投機では空白地帯で法の網が緩やかだったから、外圧を受けて仕方がなく規制を始めた事は日本人投資家には伝わっていないようなのです。

実は、この記事にもあるように南朝鮮政府は仮想通貨に関して規制に向かっていて、日本人投資家の間で出回っている話は眉唾どころではなかった、と考えられるのですね。で、ここに出てくる南朝鮮の投資家というのは、北の息がかかっている人たち。日本や中国からお金を引っ張ってくる事でビットコイン相場は上昇。美味しいところで売り逃げる、というのが彼らの頭の中に描いた餅だったのです。それをマサカ南朝鮮政府によって儲けが出る前にハシゴを外されたのですから反発するのも分からないでもないですが。

要するに、この記事は、従北者の儲けの手法が外圧によって規制が掛かろうとする事に対して反発している、という内容でした。

（北朝鮮が見え隠れするビットコイン　2018・1・11）

ソウル地下鉄駅に文大統領の誕生日広告のなぜ

◆ソウルの地下鉄駅に文大統領の誕生日祝う広告（2018・1・13 朝鮮日報）

韓国の文在寅（ムン・ジェイン）大統領の誕生日（1月24日）を前に、大統領の支持者らが、今月11日からソウル市内の地下鉄の駅10カ所に誕生祝いの広告を掲載した。写真広告には文大統領の写真と共に「1953年1月24日　韓国に月が上った日。66回目の誕生日をお祝いします」というメッセージが記され、映像広告には誕生日を祝う歌と共に文大統領の写真が数枚繰り返し登場した。

この広告をめぐり、保守系の野党「自由韓国党」の金聖泰（キム・ソンテ）院内代表は「文大統領は『私生ファン』（一挙手一投足を追いかける熱狂的なファン）の大統領ではなく、韓国国民の大統領になって欲しい。堤川火災の惨事により多くの方が命を落とした状況で、大統領の誕生祝いの広告は適切ではない」と語った。金文洙（キム・ムンス）元京畿道知事は、フェイスブックに「金日成（キム・イルソン）主体思想の影響だと思う。北朝鮮にはおよそ3万体の金日成の銅像がある」と書き込んだ。

お月様は何を目指しているのでしょうか。という問いに答えてくれる記事と言えます。

お月様は従北者です。

これは多くの方が受け入れてくれるものだと思います。お月様は北朝鮮の意向を強く受け、北朝鮮のための政策、過去の太陽政策の強化版とも言える政策を推し進めていま す。国民は国民で、クーデターによって独裁者から政権を奪取した英雄と思い込んでいるので、従北は犯罪である南朝鮮においてでさえ、彼の政策は、英雄が行う政策として受け入れられている面があるのです。

で、今回の広告は、このお月様を偶像化へと導く布石なのですね。

お月様の政治生命は、北朝鮮が握っている。南朝鮮において、彼は唯一無二の王になるべく多くの策を弄《ろう》してはいるものの、それは北朝鮮の属国への道でもあり、それしかお月様が政治の道で生き残ることができない事を十分に理解している。

面白いことに、〝손석희의 저주〟（孫石熙の呪い）という本の広告掲載にNOを突きつけたソウルの地下鉄は、お月様の広告はOKを出したという点。

この孫石熙という人物はお嬢様失脚の原因となったスンシル・ゲートをスクープした人物であり、この人物がいなければお月様政権は誕生しなかった。そのことに対する批判が含まれているが故に、広告が許可されなかったのです。

この書籍広告と同じように政治的意図が強い誕生広告は掲載が許可されたというのは、それだけ、お月様を偶像化に向かわせている事例と言えるのですね。

あ、そういえば、以前、ラブライブの「矢澤にこ」の生誕広告を取り上げましたが、これも偶像化のためですよね。今回も、それと同様に考えると、「主体思想の影響」と書いた某元知事の考えは言い得て妙と思うのです。

（北朝鮮化する南朝鮮　２０１８・１・13）

韓国に流入する北朝鮮の特産品「モダン風邪薬」

◆ハンギョレ新聞記者、覚せい剤陽性反応（2018・5・17 朝鮮日報）

現職の新聞記者が覚せい剤を使用した容疑で警察の取り調べを受けている。ソウル地方警察庁広域捜査隊は「このほど立件したハンギョレ新聞記者（38）が毛髪検査で覚せい剤の陽性反応が出た」と16日、明らかにした。

この記事は経済情報誌にとって目の上のタンコブであるハンギョレに対する、まぁ、一種の嫌がらせ記事なのですが、実は、南朝鮮にじんわりと拡大している覚醒剤を含む麻薬の恐怖も伝えていたりしています。

お月様が崇敬してやまない将軍様の国、北朝鮮。この国の特産品の一つに「氷毒」というものがあります。この国では「氷毒」はもう古い言い回しで、最近では「モダン風邪薬」と呼ばれて使用されていたり、リ◯イン真っ青の24時間働くための強壮薬として使われていたりもします。なぜ、北朝鮮は覚醒剤を国外で売り捌かないかというと、経済封鎖の一環で、中国が国境封鎖を行っているからです。それにより、覚醒剤の在庫は積み上がるばかりで、結果として、内需拡大路線に舵を切ったのです。

で、この覚醒剤。南朝鮮に向けてじわりじわりと流入しているのです。検察統計システムの「麻薬押収実績」を見てみると、今年（２０１８年）の３月までに押収された麻薬の量は57・５kgで、前年度同期（15・８kg）と比べると２６３・９％増と激増しているのですね。

もともと麻薬取締に関しては今現在も積極的とは言えない南朝鮮ですが、それにも拘わらずここまで急増したのには新たな市場として南朝鮮は条件が整いすぎているからです。社会的不安、高失業率、他者への信頼不足などが積み重なり、覚醒剤が入り込む余地が出来上がったのですね。そこに、南北融和政策となったのですから、流入量が減るはずもないのです。

結果として、覚醒剤が日本に持ち込まれるルートは、北朝鮮ルートに代わり南朝鮮ルートが強化される事になるでしょう。せっかく、南朝鮮人に対する検疫も始めるのですから、南朝鮮人を対象とした覚醒剤持ち込みに関する検査もより強固に行う時期なのだと金田は思うのですが…。

（韓国、覚醒剤天国になるか　２０１８・５・17）

南北会談は連邦制統一への布石

◆正恩氏　非核化問題で「最善の努力」＝南北首脳会談（２０１８・５・27 朝鮮日報）

【ソウル聯合ニュース】北朝鮮の金正恩（キム・ジョンウン）国務委員長（朝鮮労働党委員長）は26日、軍事境界線がある板門店の北朝鮮側施設「統一閣」で韓国の文在寅（ムン・ジェイン）大統領と会談し、非核化を巡る情勢について、「再び対話し、心が近づく過程だと思う」と述べた。韓国青瓦台（大統領府）が明らかにした。

お月様は米朝会談が成功しなければ国民から見限られる。

黒電話（金正恩）は米朝会談が成功しなければ国内経済が致命的となる。

これが一般的に言われている再び南北会談が行われた理由とされています。ですが、未だに70％超えの支持率を誇るお月様が、ここでブーストを必要とするのかというと、そうでもない。また、お月様政権になってから陰日なたで北朝鮮経済を支えている状況にあるので、北朝鮮経済が多少閉塞していてもすぐには困らない。

それでは、何故、会談を再び行ったのでしょうか？

この会談を行った理由の一つは連邦制統一への布石ですね。

問題が山積で、状況が苦しければ苦しいほど、両者が手を取り合うのはドラマとして国民は感動を持って受け入れてくれるからです。今の状況は、まさに国民が食いついて見てくれており、両国が手を結ぶ事が正しい道なのだと思い込むからです。

以前から書いてある通り、北と南は根は一緒。枝葉は異なれど、本質は同じなんですね。

ただ、北朝鮮より資本主義に染まった南朝鮮という国は、私たちの本質から見ると好ましい状況ではないのですね。女性は奴隷であるべき。私たちの歴史は女性を陵辱してきたものです。

ナッツ姫とか、水かけ姫が南朝鮮で問題になるのは、そういった偉ぶった行為をしているのが女性だから。これが男性ならニュースにもなりません。これらが南朝鮮で大きく取り上げられているのは、女性がそれだけ力を持ち、男性からすると大きな顔をするようになったことに対する対抗手段なんですね。

女性を奴隷にできる古い価値観の復活を願う南朝鮮左派。そして、新たな奴隷を確保したい北朝鮮。そういった思惑の方が、本当は強いんじゃないか？　というのがここ数年の記事を読んでいて金田が思う事です。

（何故、再び南北会談が行われることになったのか。　２０１８・５・27）

日本の従北議員は北との関係改善と在日の地位向上が目的

◆朝鮮総連第24回全体大会祝賀文（２０１８・５・27労働新聞）

朝鮮総連は激変する情勢に対応し、我が党と共和国政府の対外政策の立場を広く宣伝するための対外事業を積極的に展開して、日本の進歩的人士と人民、国際機関との善良なる友好関係をさらに発展させ、総連事業と在日朝鮮人運動に有利な土壌を主動的に醸造していくべきです。

総連活動家と在日同胞たちは祖国を熱烈に愛し、断固擁護し、偉大なる金正日愛国主義のを大切にし、社会主義強国の建設に格別たる貢献していくことで、愛国者の先覚者、愛国心の模範、世界の海外同胞組織の見本となるよう、その栄誉を曇らせることなく輝かせていかなければなりません。（原文ハングル記事より翻訳抜粋）

これに対して、日本の政治家は、

「未来永劫にわたって続く日朝間の関係を構築していきたい」（某自民党議員）

「平壌宣言に基づく日朝国交正常化に向けても前進を勝ち取るべき段階」（某公明党議員）
「日朝関係を具体的に進めるためにも、皆さんの力を大きく借りなければいけない」（某国民民主党議員）
「日本は過去において植民地支配と侵略戦争で南北分断の要因を作り」（女性会議議長）
「米国による世界戦略の一環としての朝鮮敵視政策を一日も早く終わらせなくてはならない」（某社会民主党職員）

他にもリンク先（http://chosonsinbo.com/jp/2018/05/csg0528/）には書かれていますが、歴史誤認もいい加減にして欲しいですよ。

朝鮮半島が南北に別れたのは、日本から棚ぼた式で〝独立〟できた事による利益を、国民のためではなく、私利私欲のために利用した結果、分断という結末を迎えたのです。

終戦後、日本から独立したくないという活動も行われていて、単に、アメリカの日本の国力を削りたいという思惑だけで朝鮮の独立が決められました。分断に対して日本の責任はカケラもなく、私たちの欲に目が眩んだ乞食性が原因なんですね。

ですが、北朝鮮はパチンコだけでなく、土建、産廃といった戦後、日本人が敬遠した業界に潜り込み、日本人が経営する同業他社は排除もしくは吸収して、その業界では大きな発言力を持つに至りました。そのカネと組織に屈した議員が日本にも少なくない、という事になります。

その従北議員は、北朝鮮との関係改善、在日朝鮮人の地位向上、この二つを掲げて活動しているのです。

いいですか。在日朝鮮人の中でも特に朝鮮総連支持者は、日本のために働きません。それよりも日本に害を為す人物が非常に多い。それは祝賀文を読めば理解できると思います。

金某は彼らにそうすべきだと指示を出しているのですから。

（日本にも多く存在する従北者　２０１８・６・４）

韓国の「MeToo」運動の裏側

◆食品・生活用品業界でコピー横行、韓国産業全体に被害与える恐れも
（2018・6・6朝鮮日報）

商品のコピーは食品、生活用品業界では長年の慣行と化している。業界関係者は「ある商品が人気を集めると、すぐに我も我もとコピーし、『MeToo』商品を発売することに特に罪の意識がない。素早くコピーし、ワンシーズン商売できればよいと考える」と話した。ヘテ製菓のハニーバターチップが人気になると、類似商品が40種類以上登場したのが代表例だ。

節操がない私たちは、他人が成功すると、「他人の褌《ふんどし》で相撲を取る」を平気で行います。違法行為をしているとは〝全く〟考える事なく、他人の権利を平気で侵害していきます。よく私たちは「中国はもっと酷い」と言いますが、元を正せば、私たちが中国に入り込んで、コピー製品を作って日本市場を混乱させたのが始まりで、中国にコピー製品のノウハウを教えたのは私たちだった筈でしょうに。

もちろん、この記事はこんな裏話は触れもせず、単に、私たちの遵法精神の無さに警鐘を鳴らしているだけの記事なのですが、何故だか、ここに「MeToo」が織り込まれているのですね。何故でしょうか？

「MeToo」運動は、北朝鮮が主導して行っている、という事は既に紹介している（編註：ブログでは）事ですが、南朝鮮には反北朝鮮の人たちが一定以上存在しています。最近は従北者が大手を振って大通りを闊歩していますが、本来は従北者は日陰を歩く人たちでした。

ところが、現世利益と言いましょうか、従北は金と密接に絡んでくる。実際は国益に反するのですが、目先の利益にこの不景気の最中にある南朝鮮では抗《あらが》える筈もなく、結果として、従北者が台頭する事になりました。それを苦虫を噛み潰したかのような顔をして見つめているのが、経済情報誌という事になるのですね。

そこで、遵法精神に反する商品と反社会的勢力（従北勢力）をかけて「『MeToo』商品」としたのです。

まぁ、分かりにくい比喩なので、どれだけの読者がこれに気がつくか分かりませんが、もう少し私たち向けに書くのなら捻らずに、ストレートに書かないとダメですよ。何せ、私たちの２人に１人は機能性文盲（文字は読めても文章が理解できない）なのですから。
（朝鮮日報、「MeToo」運動を揶揄する　２０１８・６・６）

北朝鮮が韓国の属国になる？

◆韓国大統領特補「金正恩氏は在日なので先代とは違う」（２０１８・６・８　朝鮮日報）

韓国の文正仁（ムン・ジョンイン）大統領特別補佐官（統一・外交・安全保障）は7日、北朝鮮の金正恩（キム・ジョンウン）労働党委員長について「金委員長は若く、スイスで教育を受けた人物で、厳密にいえば在日朝鮮人。そういう点から、先代とはリーダーシップに違いがある」と語った。

今更ではありますが、南朝鮮では在日朝鮮人に対する差別はかなり強烈なものがあります。

金田はこの春、長年勤務していた会社で定年を迎え、多くの方に送別会を開いて貰えました。会社では在日朝鮮人であった事で差別を受ける事なく、純粋に一人の人間として評価して貰え、多くの先輩、同僚、部下と厳しくも楽しい、サラリーマン生活を送ることができました。

そんなサラリーマン生活でしたが、差別を受けたことが実は何度もあります。それは南朝鮮企業との契約においてですね。

名前が日本人ぽくないですから、南朝鮮人からすれば金田はすぐに在日朝鮮人である事が分かります。金田もそれを隠しませんから、「あぁ、やっぱり」という感じなのでしょう。

特に役職がなかった時は酷いもので、契約の場で金田だけ椅子がなく、会社側が椅子を用意するように言っても「裏切り者に座らせるような椅子はない」なんて罵倒されて契約の数時間、ずっと立ちっぱなしだった事もあります。

他の場面では「在日朝鮮人との契約なんて守れるか！」と言われた事も度々。その度に、先輩や同僚が私の尻拭いをしてくれたのですね。それくらい、南朝鮮人は在日朝鮮人の事を下に見て差別します。それこそ現代版白丁《ペクチョン》（李朝時代の最下位に位置づけられた奴隷）といえば分かりやすいかも知れません。

金や権力を持っている在日朝鮮人に対しては、南朝鮮型儒教の教えの通り、「金や権力は正義」ですから頭を下げる事もあります。ですが、一旦そこから引きずり降ろされると手のひらを返して今度は相手を貶《けな》し始めるのです。

金正恩も同じ。

アメリカ様に楯突いていた時は、「流石は北の将軍様」でしたが、会談を開く際に土下座をしたという情報が流れるや否や、金正恩の評価は崩れて、彼を貶《おと》しめる発言が出てきた、という流れです。

これがどういった影響を及ぼすのかというと、今まで、「北朝鮮主導の連邦制」が濃厚でしたが、今回の件で、「北朝鮮自治区」という位置付けになる可能性が出てきたのですね。南朝鮮による統治下にあり、資源と労働力を提供するだけの属国的位置付け。それが北朝鮮の未来になる可能性があるのですね。

北朝鮮は在日の国。

そう南朝鮮人が考えるようになったら、北朝鮮が仮に南朝鮮レベルの経済力を持っても崩国するまで、南朝鮮の奴隷として生きながらえる事になるのです。

（在日は差別の対象　2018・6・8）

戦時補償は北朝鮮が日本に支払うべき

◆安倍×トランプのゴルフ会談　差し出す政権維持費3兆円

（2018・4・13 NEWSポストセブン）

日本は小泉内閣時代の日朝平壌宣言で、北朝鮮に対して国交正常化の後、植民地支配の事実上の賠償として援助を行なうことで合意しており、北の要求額は最大２００億ドル（２兆円以上）にのぼるとみられている。本来なら、この経済支援は日本にとって北に拉致被害者の返還を迫る〝切り札〟のはずだ。

これに関しては、既に支払済です。

いわゆる日南請求権協定に関しては、南朝鮮の立場としては北朝鮮分も受け取ったと言いますが、日本と南朝鮮が勝手に「北朝鮮分も南朝鮮が受け取った」と言ってもなかなか通る理論ではありません。もし、北朝鮮が経済協力金を要求したら日本は既に南朝鮮に行った実績からこれを拒否するのは難しいと言えます。

という事で日朝平壌宣言ではこうなりました。

日本側が朝鮮民主主義人民共和国側に対して、国交正常化の後、双方が適切と考える期間にわたり、無償資金協力、低金利の長期借款供与及び国際機関を通じた人道主義的支援等の経済協力を実施し、また、民間経済活動を支援する見地から国際協力銀行等による融資、信用供与等が実施されることが、この宣言の精神に合致するとの基本認識の下、国交正常化交渉において、経済協力の具体的な規模と内容を誠実に協議することとした。

では、この協力金は支払う義務があるのでしょうか？

「朝鮮総督府施政年報1941年版」の104頁〜106頁を見ると、当時の資産状況が分かります。その額、実に11億5784万6939円。

南朝鮮人の中には、この資産のうち土地代や森林財産、そして鉱業権は元々、朝鮮人に帰属するから認められない、と言う人がいます。ですが、こういった土地の価値は元々クズのようなものだったものを日本が開発して価値を上げたり、森林財産も禿山に日本が植樹したものであり、鉱業権もまた日本が開発したもの。

また、終戦時、1ドル＝4円でしたから、要するに日本は2億8946万1735ドルもの資産を日本は放棄した事になります。これとは別に日本が朝鮮半島に置いてきた個人資産を含めると570億円。142億ドルもの日本の資産が朝鮮半島の戦後発展のために活用されたのです。

計算に何を使うかによって変わりますが、１９４５年時の1ドルは現在の４０００円相当になります。現在の貨幣価値で既に56兆８０００億円も南北朝鮮に対して〝お土産〟を渡しているのですね。この時点で、日本が朝鮮から奪ったとされる資産を大きく上回り、サンフランシスコ講和条約に基づいて計算すれば、北朝鮮は日本に5兆円程支払う義務が生じます。

これに関して左派の人たちは、ポツダム宣言を受諾したのだから朝鮮半島の日本の資産は放棄されたものと言いますが、これは完全に間違い。サンフランシスコ講和条約第4条に基づき日本の資産の請求権は存在するのです。あくまで、日南請求権協定でのみ限定的に請求権を放棄したに過ぎず、本来であれば、南朝鮮も日本に対して支払う義務が生じていたのです。

で、日本は北朝鮮に対してもこの請求権を放棄する可能性が極めて高く、平壌宣言通り日本は経済協力金を支払う事になるのでしょうか？

実はこれは既に完了済みで、朝銀救済という形で、なぜか、外国の銀行を日本の血税で1兆4000億円も投入したのですね。これに関しては現在も含めて合理的な法的根拠は存在しません。小泉純一郎は自分の人気取りのために国を売ったのですね。

それだけではありません。北朝鮮のヤルヤル詐欺によって行われた軽水炉事業というものがありますが、日本はここで4億1100万ドルも既に拠出しています。

結論として、戦時補償云々は、北朝鮮が日本に支払うべきで、経済協力金も既に実施完了している。これ以上、日本が支払うお金は1円たりとも必要ないのです。いや、南朝鮮は立場上、北朝鮮に対する経済協力金を拠出せざるを得なくなるかも知れません。まぁ、お月様だからきっと出すでしょうね。

（日本は北朝鮮に経済協力金を新たに支払う必要はない　2018・5・6）

第5章　日本と戦争がしたくてたまらない韓国

「敵国日本」を子供の頃から強く刷り込まれる韓国人

南朝鮮の政権運営、特に李明博以降の政権運営を見ていくと日本の軍国主義を模倣しているように強く感じることが多々あります。今回はそれについて書いていきたいと思います。

軍国主義の特徴として挙げられることは、一般的に

1・国民の人権の制限を強化していく
2・国家的思想に恭順させる

この2点だと言われています。そこでこういった視点で南朝鮮を見ていくと、やっぱり軍国主義への道を辿っていますよね。

それでは最近の南朝鮮の政治を見ていきましょう。

１・国民の人権の制限を強化していく

南朝鮮のマイノリティに対する人権侵害については、よく知られていますよね。国連人権委員会も南朝鮮社会に蔓延する人種差別に対する調査を行い、是正勧告を行っています。

これはアジア系人種に対して特に酷いのですが、その根底には「自分たちも人権侵害を受けている」という意識が強くあり（潜在的なものかも知れませんが）、その意識が他者に向かい、他者の人権を踏みにじることでその抑圧から逃れようとしているのです。

ちなみに、白人様に対しても最近は酷くなってきまして、白人であってもレイプの被害に遭うことが増えてきたようですね。

２０１０年5月17日に国連が「南朝鮮は現行法の施行と解釈において人権、特に言論と表現の自由について制限が加えられ、権利に対して十分な尊重が損なわれている」と警告していることからも分かるように、政府が国民に対して人権を制限しており、それが酷くなっているのです。

南朝鮮には「国家保安法」という悪名高い法律があります。1948年に対北法の一つとして制定されたもので、本来は北朝鮮を賛美したり支持することを禁じる法律でしたが、現在は言論の自由を封じるための、政府批判を罰するための手段として機能しています。

特に李明博が大統領に就任してから、この国家保安法違反による摘発が急増し、就任前の2007年は39件だったのが2010年には151件、2013年には〝立件〟された件数が、9月までに79件にもなります。この法律は過去のものではなく、現在も運用されている法律だったのです。

それだけではなく、国民からの〝情報提供〟も2008年には1年に1000件程度だったのが2012年には4万件を超えています。国民の人権を国民によって制限させようとしているのです。これって日本の治安維持法の運用に非常によく似ていると思いませんか。

それもそのはず。国家保安法自体が治安維持法をモデルにして制定されているのですから似ているのは当たり前で、言い換えると、南朝鮮が言う軍国主義を現代において再現しているのが、南朝鮮自身ということです。

２・国家的思想に恭順させる

もちろん、国家保安法そのものが思想恭順の手段でもありますが、反日思想教育もまた、思想恭順の手法になっています。

例えば、竹島の日に旗を持って集会に行くとします。学校で反南朝鮮の歌を教えて集会参加を強制することが日本にはあるでしょうか。日本は教育現場における思想統制を捨て、好ましくない側面も多々ありますが自由主義的教育（まぁ、日教組の影響はありますが）を行っています。

ところが南朝鮮では日本と真逆の事を行います。竹島は南朝鮮のものだと嘘を吹き込み、反日歌を教え集会参加を強制します。これが小さい頃から行われるので、南朝鮮人は〝敵国日本〟を強く刷り込まれていきます。まるで、戦争準備をしているかのようです。

実際、南朝鮮の戦争準備に対する執着は相当なものです。

2013年のStockholm International Peace Research Instituteを見てみますと、南朝鮮の軍事費は339億ドル。対GDP比で2・8%になります。中国でさえ2%。フランスやドイツも2・2%ほど。「日本は軍事国家まっしぐらだ〜!」と名指しされた日本は1%。福祉にお金が回せないと騒いでいるくせに、軍事費には湯水のようにお金を使っているのです(その装備が使えるかどうかは別としてですが)。軍事国家としての要件はこれだけでも十分満たしています。

この軍事費が対日本向けのものなのは言うまでもありません。もし、対北用の兵器なら揚陸艦やイージス艦なんて必要ないですからね。そして、この軍備がまた思想恭順に役立っているのです。敵国日本と戦争して勝っていることになっている南朝鮮は、その日本が再度攻めにやってくるという強迫観念も持ち合わせています。いつ攻めてくるかわからないからこそ、スパイを探し出し、そして軍備を強化しなければいけない、と考えているのです。

中国ほどネットの監視は行っていないことになっていますが、今回のカカオ事件でも分かるように十分な監視は行われています。

軍事国家である南朝鮮は、基本、日本と戦争をしたくて仕方がない状態にあります。その軍備が自国民に向いた歴史も知りませんから、もちろん、更なる軍備増強を行っていくことでしょう。今後、南朝鮮は北朝鮮と争う可能性は高いと思いますが、どちらかというと現状は日本に宣戦布告する可能性のほうが高いのです。

（軍事国家、韓国の目指すものは日本開戦!? ２０１４・10・14）

文在寅が目指す統一朝鮮の初代大統領

◆【社説】文大統領を早速試練に追い込んだ金正恩氏（2017・5・15 朝鮮日報）

北朝鮮は文在寅（ムン・ジェイン）大統領就任からわずか４日後となる昨日、またもミサイルを発射した。このミサイルは高度２０００キロまで上昇して落下したが、通常の形で発射を行っていれば最大射程距離は５０００キロ、つまり米国アラスカ州の一部がすでに射程圏内に入ったことになる。昨年６月に発射された中距離弾道ミサイル「ムスダン」の最大射程距離は３５００キロだったが、今回は射程距離が一気に伸びたわけだ。しかも今回のミサイル発射は米空母カールビンソンを中心とする艦隊が東海（日本海）で韓国軍と合同軍事演習を行っている最中に行われたため、これは北朝鮮・朝鮮労働党の金正恩（キム・ジョンウン）委員長が韓国の文在寅（ムン・ジェイン）大統領と米国に対し「北朝鮮は方針を変えない」「交渉したいなら譲歩せよ」などのメッセージあるいは要求を突き付ける形にもなった。

金正恩氏が米国を射程圏内に置くミサイルを開発する目的は、韓半島（朝鮮半島）の主導権をめぐって米国と直接の交渉をする意図があるからだが、裏を返せば韓国を攻撃するミサイルはすでに開発が完了したとも考えられる。表向きは米国を狙っているようだが、実際は韓国にとって非常に深刻な脅威となっているのだ。

文大統領は昨日国家安全保障会議を招集し「ＫＡＭＤ（韓国型ミサイル防衛）」の開発を急ぐよう指示した。文大統領は米国の最新鋭地上配備型迎撃システム「高高度防衛ミサイル（ＴＨＡＡＤ）」に否定的な考えを持っていることから、ＴＨＡＡＤなしに国土を守るためＫＡＭＤの開発を急ぐよう指示したと考えられる。ＫＡＭＤは米国のミサイル防衛（ＭＤ）に組み込まれていない韓国独自のミサイル防衛システムであり、その中心的な役割を担うのはＴＨＡＡＤよりも高度が低い40～60キロで敵のミサイルを迎撃する長距離地対空誘導弾（Ｌ－ＳＡＭ）だ。しかしＬ－ＳＡＭの開発が今後順調に進んだとしても、これが実戦配備されるのは２０２３年ごろとみられる。そのためＬ－ＳＡＭの迎撃を受けない北朝鮮のミサイルは大気圏外で打ち落とすか、あるいはＰＡＣ３で迎撃することになるが、この計画の実効性については今なお疑問視されている。いずれにしてもＫＡＭＤの配備を完了させるには最低でも今後６年以上の時間が必要となるため、文大統領の任期中は在韓米軍保護用に導入されたＴＨＡＡＤに依存するしかないのだ。

大いなる誤解がありますが、ＴＨＡＡＤは南朝鮮を守りません。ＫＡＭＤは北朝鮮より日本を攻撃するためのミサイル攻撃システムですね。

ちょっとだけ解説ですが、ＴＨＡＡＤは大気圏外での迎撃に特化しています。北朝鮮が南朝鮮を攻撃する際にはミサイル砲だけでコト足ります。要するに、ＴＨＡＡＤは北朝鮮、もしくは中国によるアメリカ本土への大陸間弾道ミサイルからの防衛システムです。

ＫＡＭＤはキルチェーンを含む総合ミサイル〝先制攻撃〟システム。射程距離が

８００㎞とも１０００㎞とも言います。完全に日本を標的にしているとしか言いようがなく、対北で考えるならもっと安価なもので十分なんですね。

要するに、北朝鮮によるミサイル防衛のためにはＴＨＡＡＤもＫＡＭＤも不要。「ＴＨＡＡＤに依存」なんかした日には、首都防衛なんぞ夢のまた夢で、ＫＡＭＤ導入後は、いつでも日本の主要施設を狙ってくるでしょう。この社説は現状を全く理解していない記事、ということです。

で、今回の北朝鮮によるミサイル実験は、お月様に一つの試練を与えた事は間違いありません。何せ、ロフテッド軌道での打ち上げはＴＨＡＡＤでもＰＡＣ３でも迎撃は困難。ロケット砲だけではなく、核によるテロや核ミサイルというオプションが用意されている、というものではなく、それを口実にした対日攻撃力を蓄えよ、というもの。

お月様の願望は南朝鮮主体に見せかけた朝鮮半島統一と、その統一後の実権の掌握。従北者であるお月様が金王朝の代わりを画策するのは理解できない方もいると思いますが、従北者は金王朝に忠誠を誓っているのではなく、金王朝という集権集金システムに対しての畏怖。

北朝鮮規模の経済で、南朝鮮財閥以上の生活と南朝鮮とは比較にならない権力。これを手に入れたいと思わないはずがないのですね。以前、南朝鮮のウリは〝金のつながり〟に特化したものに成り下がったと書いた事があります。従北も同じ。人のつながりというよりも利益供与の関係だと考えると分かりやすいかも知れません。

そして、核をお土産に金王朝の代わりになんちゃって民主主義国家樹立を宣言すればお月様は統一朝鮮の初代大統領になれるという算段。実際は北朝鮮のシステムを踏襲するんでしょうけどね。

今までの流れから言うと、左派政権は軍事費が膨らむ。それはどの政権でも敵国日本への攻撃を想定したものであり、２０２３年以降、南朝鮮は日本に戦争を仕掛けてくる可能性が高い、という記事でもあるのです。お嬢様は南朝鮮を掌握する軍国主義を目指していましたが、お月様は独裁統一朝鮮の軍国主義という全く異なるものを構築しようとしているのです。

（対日攻撃力を蓄え始めた韓国　２０１７・５・15）

韓国人が開戦を要求し始めた理由

◆［アメリカvs東アジア］「南朝鮮政府がなくなることが、真の平和だ」（2017・10・23 朝鮮日報）

戦争は「真の平和」という高尚な目的を達成するために用いられる最後の手段だ。平和は戦争という手段を用いてでも成し遂げなければならない目標だ。戦争は手段だが、平和は安保政策の結果だ。マイケル・ハワード教授は「戦争と平和の研究」という本で「戦争は必要悪だ。だが、戦争という手段を拒否した者は、自分の運命が戦争を否定しない者の手に握られた事を知ることになるだろう」と述べた。私たちの運命が北朝鮮の手の中にあってはいけないのである。

先週、池袋で旧知の仲である人物と盃を交わしました。

彼はまだ若いのですが韓国大好きで少し考えは異なるものの、金田とウマが合うというか、私の息子とも兄弟のように付き合ってくれる日本人です。かれこれ30年来の友人ですから、本当に珍しい人物ですね。

そんな彼と何を話したかというと、南朝鮮における反お月様運動が確実に進んでいる、という事。その運動のきっかけが「反戦争」だったのです。こういった流れがよく分かるものとして、今回、この記事を取り上げることにしたのです。

日本は戦争するな。自国は戦争すべき。

これが南朝鮮人の基本的な考えですね。日本に対しては、「反戦こそが平和の礎」と強要します。日本の左翼政党は、バカのようにこれを唱えますが、当の南朝鮮は、「戦争こそが平和の手段」と言うのですね。そんな彼らを前に、「反戦の誓い」をやってしまったのですから、トランプ大統領や安倍首相が呆れてしまう以上に、国民がお月様に対して背を向け始めたのです。

今、南朝鮮の中には「戦争やむなし」という考えが広がって来ている。それに合わせて、軍国主義を目指したお嬢様に再登板してもらいたいという運動も活発化し、釈放を求める大規模デモも始まりました。

今ここで北朝鮮と武力で向き合い真の平和を勝ち取るべきだ、という流れ。これの出所はやっぱりアメリカっぽいのですが、南朝鮮国民の総意の中で、アメリカは北朝鮮への武力制裁に踏み切る。完全にアメリカに都合の良い流れと言えます。

お嬢様もレームダック化してしまいましたが、お月様は就任半年で既にお飾りであり、アメリカの武力行使に関して、ただの置物になってしまっている。それに気がついていないのはお月様自身であり、何より、南朝鮮与党でもあるのです。

南朝鮮が開戦を求め始めた理由。それは戦争が平和の手段である事を正しくかどうかは別として理解できたからでしょう。まぁ、戦争に関しては、南朝鮮人は血に飢えていますから、単にそれを欲しているから、開戦を求めているのでしょうけど。

ちなみに、金田と彼で話したのは、どうすれば戦争を回避できて北朝鮮に核を放棄させることができるかについて。そのためには、南朝鮮には少なからずの犠牲は出てしまうだろうという結論になったのですが、皆様は、どうお考えになるでしょうか？

（韓国人が開戦を要求し始めた理由　２０１７・10・23）

韓国伝統のバランス外交とは「風見鶏外交」＆「お子様外交」

◆波紋を呼ぶ文大統領の「米中バランス外交論」（2017・11・5 朝鮮日報）

文在寅（ムン・ジェイン）大統領と康京和（カン・ギョンファ）外交部（省に相当）長官による外交・安全保障についての最近の発言が国内外で波紋を呼んでいる。

文大統領は今月3日、シンガポール・メディアとのインタビューで「米国との外交を重視しながらも、中国との関係も一層堅固にするバランスのよい外交を目指したい」と述べた。この発言について保守系野党「自由韓国党」は、姜孝祥（カン・ヒョサン）スポークスマンの論評を通じ「大韓民国の外交において、共に戦争を戦った米国との軍事同盟と、北朝鮮と今も友好関係を維持している中国との関係は、次元が異なる」とした上で、文大統領の外交方針が時代錯誤的だと批判した。

文大統領はインタビューでさらに「韓米日の協力が3か国軍事同盟の水準に発展するのは望ましくない」とも述べた。また、文大統領は9月に米ニューヨークで行われた韓米日3か国首脳会談で、トランプ大統領と安倍晋三首相に対し「米国は韓国の同盟だが、日本は同盟ではない」と述べていたことが4日に明らかになった。自由韓国党はこの発言についても「すでに康京和長官が韓米同盟を揺るがしかねない『三不』政策に言及した状況で、文大統領までもが中国の要求を受け入れるという低姿勢を示すべきだったのか」として「トランプ大統領の訪韓直前に、韓米の足並みの乱れとも取られかねない状況になる恐れがある」と指摘した。これについて韓国大統領府（青瓦台）の関係者は「（文大統領の発言は）北朝鮮核問題を解決する上で、中国の役割がこれまでより重要になっているという点を強調したものだ。盧武鉉（ノ・ムヒョン）政権が提唱していた『北東アジアのバランサー論』とは若干意味が異なる」と説明した。

南朝鮮の伝統とも言える「バランス外交」。

こう書けば聞こえはいいですが、要はフラフラしている風見鶏外交の事。自分のポジションをはっきりと示すことなく、その場しのぎの外交を展開している「お子様外交」といっても差し支えないでしょう。

ですが、アメリカは「バランス外交」は望んでいない。

左派新聞のハンギョレでさえ、そういった趣旨であるにも拘わらず、お月様はそれに突き進んでいるのですよね。

バランス外交といえば、お嬢様を思い起こします。お嬢様は「信頼」と「バランス」のためには「告げ口」と「バラマキ」を中心とした外交を展開しました。

お月様はバラマキを行えるほど実弾を用意できる状態ではないので、国益をバラマク事にしたのですね。


今回、お月様は「"not South Korea's ally."＝（日本は）同盟国ではない」と発言しています。同盟国、支援者、味方、どれでも良いですが、軍事同盟（Military alliance）を否定したのではなく、味方じゃない＝敵だ、と表現したのですね。

日本人には飛躍する考えかも知れませんが、私たちにとっては味方じゃないのは無関係な第三者ではなく、敵だという考え。日本人はこれを頭に叩き込んだ方が良い。


実は、お月様は二元的思考者なので基本は黒か白、そういった判断をする人です。まぁ、国民からすると分かりやすいですから、劇場型選挙で当選したお月様はこの思考法を任期終了までし続けることになるでしょう。ですが、"not ally"は言い過ぎだった。

「日本は重要な同盟国」と表明するアメリカが、日本は敵と考える南朝鮮をどういった位置付けにするかは自ずと決まってくるんですよね。その位置付けは彼らがよく口にする「アメリカは南朝鮮を蔑《ないがし》ろにする」というものに繋がるのですが、自分たちがどうしてそうされるのか、今一度、理解すべき時期なんだと思います。

（韓国は日本を敵と考えている。 2017・11・6）

南北和解ムードは「朝鮮国」と日本との諍いのプレリュード

◆朝鮮半島和解ムードにも「ひとりMD強化する安倍」（2016・6・24 ハンギョレ）

歴史的な朝米首脳会談で北朝鮮の安保脅威が顕著に減ったにもかかわらず、日本政府は「ひとりで」ミサイル防衛（MD）網の強化に出ている。日本国内でも莫大な金をかけてむだな事業を展開する必要があるのかという指摘が出ている。

盧泰愚政権時代、南朝鮮政府はアメリカ政府に対して、日本を仮想敵国と表記するよう要求していました。その、盧泰愚の秘書室長だったのがお月様なのですね。今は、その危険思想を上手く隠してはいますが、彼は今でも日本を仮想敵国としているのは間違いないでしょう。

北朝鮮は、言うまでもなく〝敵国〟として日本を捉えている。そんな両国が手を組んだら、日本は平和を感じることができるでしょうか？
日本にとって、朝鮮半島の和解ムードは〝朝鮮国〟との諍《いさか》いが始まるプレリュードのように感じてしまうのですね。

そんな状況から判断して、日本人が安心して暮らせると思うのは左派の人くらいで、実際に、この記事に出てきた「イージス・アショア」の反対運動は共産党が絡んでいます。何故だか、この住民運動が起こると、いつも赤旗の人間が居るんですよね。ホント、不思議。

アメリカの朝鮮半島からの引き揚げは濃厚になってきていますから、今度は、日本が自分の力で防衛するための抑止力を持つ必要が出てきています。ただ、表向きは朝鮮半島の〝平和的〟統一は、祝福というスタンスを取らなければいけないので、防衛力強化に関して、日本も大きな声で〝南朝鮮が仮想敵国〟と言えないのが辛いところです。お月様としては、日本の防衛力アップを遅らせ、その間に、竹島有事を誘い出して日本への侵攻の足がかりとしたい。この辺りは荒唐無稽な与太話ではなく、盧泰愚政権時代の対日姿勢の一つだったのですから、十分考えられることなのです。

そう考えると、日本の防衛力アップは本来脅威ではないハズの南朝鮮紙が、何故、ここまで噛み付くのか分かってもらえるのではないでしょうか。

（何故、韓国は日本の防衛力強化に噛み付くのか　2018・6・25）

第6章　徴用は奴隷のような強制労働の大嘘

戦時徴用は自国民に対して行ったものであり国民の責務

◆強制徴用：竹内氏「被害者が納得していない賠償は無意味」（2015・3・3 朝鮮日報）

竹内氏は1970年代、金大中（キム・デジュン）拉致事件や在日韓国人留学生のスパイ事件などを目の当たりにし、韓半島（朝鮮半島）の問題に関心を持つようになった。80年代後半、故郷の静岡県で強制動員についての実態調査をしたのをきっかけに、本格的な徴用被害の調査に奔走した。自ら徴用の現場を訪れ、死亡者の名簿を入手し、その中から朝鮮人の存在を確認し、非公開の資料は行政機関の情報公開窓口を通じて調べ上げた。竹内氏が収集した証拠は、徴用者が強制動員されたものではないという日本の極右派の主張に対し、確実に反論できる資料だ。竹内氏は2005年、市民団体「強制動員真相究明ネットワーク」を結成し、関連する論文の執筆や講演活動などを通じて、日本社会に真実を伝えようと尽力している。

日本政府や企業は、1965年の韓日請求権協定の締結により、強制徴用対象者に対する賠償は全て終わったと主張している。だが竹内氏は「被害者本人が納得していないのに、どうして賠償が終わったと言えるのか」と問い掛けている。その上で「日本社会で過去の歴史を否定する声が高まっているが、この本が真実を伝える一助となることを望む」と述べた。

戦時には多くの日本人がご苦労されました。今の日本の繁栄はそういった方々の上にあり、本当に感謝しています。

私の知っている日本の高齢の方も、懐かしそうに話してくれたことを思い出します。私の祖父も、強制動員で日本に来ていますが、苦しい生活を強いられた、という話を聞いたことがないんですね。それよりも、戦後、ＧＨＱが入ってきてから急速に食糧事情が悪くなったとか、帰国してからの生活が大変だったこと、戦禍を逃れて日本に逃げて来たことの方がどれだけ大変だったかを子供の頃に聞いた記憶しかありません。ついでに書くと、なんで日本に逃れてきたか。それは日本の生活が良かった、という記憶があったからなんですね。

以前、法治と徳治の記事を書きましたが、この竹内氏（編註：竹内康人氏）は正に徳治の考え方ですね。近・現代の法治国家に生きていないかのようなご意見です。被害者本人が納得していないのなら、それは南朝鮮政府に請求する。これが正しい筋道です。個人は決め事だけでは、社会は回りません。日本はそれを熟知していたからこそ、払わなくても良い〝賠償金〟を払ったのです。史実として、日本は南朝鮮と戦争をした事実はありません。また、南朝鮮を植民地にした事実もありません。どこに賠償金を支払わなければいけない瑕疵《かし》が日本にあったのでしょうか。

仮に、日本が南朝鮮を植民地にしていたとしても、他の支配国が植民地国に賠償金を支払ってはいないでしょう。日本は歳費の30％を使ってインフラ整備をしましたが、他の支配国がそのような事をしたケースはほとんどありません。この史実だけでも植民地という概念から外れることは明白です。

そう、戦時徴用はあくまで、自国民に対して行ったものであり、そこでの労務は国民の責務でもあったんですね。ちなみに史実として、南朝鮮人の徴用労務者を日本に送ったのは1944年9月から1945年3月までの7カ月間だったんですね。それを強制連行が1939年って。

ちなみに「移入朝鮮人労務者」と戦時徴用は全く別物なんですけど。

亡くなった大叔父も日本移住者でしたが、自分の意思で行っているんですね。なぜなら、その当時の朝鮮半島にはろくな就職先がなかった、という史実のため。徴用者の多くは、こういった事情を抱えている人たちだったはずです。

すみませんね。折角、苦労して集めた資料だと思うのですがぶった斬って。

念のため、竹内氏の名誉のため、万が一、「移入朝鮮人労務者」と「戦時徴用」がきちんとした情報源によって同一であったと判明した場合は、この記事を削除させて頂きます。また竹内氏個人に対する名誉を貶める考えは毛頭ありません。ただ、正しい歴史認識の一念によるものとお考えください。以上、戦時徴用者の子孫からの反論でした。

（日本で働いた朝鮮人の多くは強制徴用ではない　2015・3・3）

――被徴用韓人の未収金が朝鮮総連に流れたという話があります。これは本当なのでしょうか？

2018年12月1日の『デイリー新潮』の『「徴用工」の賃金は共産党に流れていた』という記事において、元朝鮮総連の幹部だった金賛汀氏は、著書『朝鮮総連』の中で、

「1946年末までに朝鮮中央労働部長名で強制連行者を雇用していた日本の各企業に未払い賃金の請求が出された。その請求額は4366万円に達し、朝連はかなりの金額を企業から徴収し、それらの殆どは強制連行者の手には渡らず朝連の活動資金に廻された。これらの豊富な資金は日本共産党再建資金としても使用された」

と書いてあった事を紹介していました。

これに関して当時の日本政府は全く関知していなかったのかというと、そういった事はなく、1960年11月10日に開かれた第5次韓日会談予備会談、第1次一般請求権小委員会会議録の中の「一般請求権小委員会第13次会議　討議内容」には次にように書かれています。

「3）被徴用韓人の未収金

日本側調査資料には軍人軍属関係は調査できていないとした。また未収金の内一部は朝連から強硬な要求があって、北側に支払ったものがあるとした。」

この朝連というのは朝鮮総連の事ですが、デイリー新潮に紹介されていた通り、被徴用韓人の未収金は朝鮮総連に渡っている事は事実のようです。

ゾンビのように生き返る個別請求権

◆強制徴用：個人賠償請求権、特例法で時効消滅回避へ（２０１５・３・９　朝鮮日報）

日本による植民地時代、戦争に協力した日本企業によって強制的に徴用された被害者の損害賠償請求権については、消滅時効（一定期間行使されない場合、権利を消滅させる制度）を適用できなくする法律の制定が進められる。徴用被害者が日本企業を相手取り損害賠償を請求できる期限は今年5月23日となっており、この日をもって消滅時効により権利が消滅するためだ。

大法院（日本の最高裁判所に相当）は２０１２年5月、戦争に協力した日本企業による強制労役被害者について「韓日請求権協定（１９６５年）によって個人の請求権まで消滅したと見なすのは難しい」との判決を下した。これを受け、日本企業に強制的に徴用された被害者と遺族２５２人が、これまでに三菱重工業など日本企業3社を相手取って訴訟を起こした。

だが、相当数の被害者がまだ損害賠償請求訴訟を起こしていないことが分かった。消滅時効によって権利が消滅すると、被害者やその遺族に対し賠償を行う根拠がなくなってしまう。現行の民法上、損害賠償請求権の消滅時効は3年となっている。

時効を2012年の判決日から起算するというのもアレなんですが、一応、ここで完全にぶった斬っていきますね。

まず基本的な事からですが、南朝鮮は戦争当事国ではないということ。それ故、サンフランシスコ講和会議に参加することができなかった。

次に、日韓請求権協定を締結する際に、日本側は補償に対し南朝鮮が徴用者名簿等の資料提出をすることを条件に個別補償を行うことを提案したものを、南朝鮮政府は「個人補償は韓国政府が行うので日本は韓国政府へ一括して支払って欲しい」と主張。それを受けて、日本側は南朝鮮政府に対して一括で支払うことにしています。

こういった流れを受けて「財産及び請求権に関する問題の解決並びに経済協力に関する日本国と大韓民国との間の協定」（省略しないと長いですね）ではこうなりました。

第2条

1・両締約国は、両締約国及びその国民（法人を含む。）の財産、権利及び利益並びに両締約国及びその国民の間の請求権に関する問題が、千九百五十一年九月八日にサン・フランシスコ市で署名された日本国との平和条約第四条（ａ）に規定されたものを含めて、完全かつ最終的に解決されたこととなることを確認する。

２・一方の締約国及びその国民の財産、権利及び利益であってこの協定の署名の日に他方の締約国の管轄の下にあるものに対する措置並びに一方の締約国及びその国民の他方の締約国及びその国民に対するすべての請求権であって同日以前に生じた事由に基づくものに関しては、いかなる主張もすることができないものとする。（抜粋）

これらにより個別請求権は解決されたと同時に請求権は放棄されることになり、そして２００９年、南朝鮮は対日補償要求終了という公式見解を出したハズなのですが…。

その当時の産経新聞（２００９・８・16）

【ソウル＝黒田勝弘】韓国各紙は15日、日本統治時代の韓国人労働者の日本での未払い賃金について、もはや日本に返還要求はできないとの韓国政府の公式見解を伝えた。韓国では元慰安婦や戦没者、徴用労働者など多くの関連団体や個人がいまなお、日本に対し各種の補償を要求している。韓国政府としては、補償問題は１９６５年の日韓国交

正常化の際に日本政府から受け取った「対日請求権資金」ですべて終わっているとの立場を、改めて確認したものだ。(抜粋)

その上、2011年8月30日には「韓国の憲法裁判所は8月30日、日本軍の慰安婦問題について解決努力を誠実に履行していない大韓民国政府が基本権を侵害しているという判決」を下しています。おっと、これは慰安婦でした。

まぁ、南朝鮮政府の公式見解を出しているにも拘わらず、大統領が変わったから前言撤回をするというのは国際社会において許されるものではありません。勝手に自国内で裁判して、勝手に時効を設定しても、それらは一切、国際社会では通用しないんですよ。

(戦争責任と個人賠償→韓国政府が返還要求できない公式見解を出したのわすれましたか? 2015・3・10)

朝鮮人坑夫は大卒銀行初任給の倍以上儲ける超高給取り

◆世界遺産目指す日本の産業施設に約６万人強制徴用＝韓国（２０１５・４・３　朝鮮日報）

【ソウル聯合ニュース】ユネスコ（国連教育科学文化機関）の世界文化遺産登録を目指す「明治日本の産業革命遺産　九州・山口と関連地域」の23施設中、７施設に計約６万人の朝鮮人が強制徴用されていたことが3日、分かった。韓国外交部が国会の東北アジア歴史歪曲（わいきょく）対策特別委員会に提出した資料で明らかになった。

23施設中、７施設には日本による植民地時代に朝鮮人５万７９００人が強制動員された。高島炭鉱に４万人、三井三池炭鉱と三池港に９２００人、長崎造船所に４７００人など。強制動員された朝鮮人のうち、94人は死亡、５人は安否が確認されていない。

外交部は「植民地時代、わが国民が強制徴用されたつらい歴史を持つ施設を世界遺産に登録することは、人類の普遍的価値を持つ世界遺産を保護するという世界遺産条約の基本精神に反する」という韓国政府の立場を繰り返し表明している。

また、世界遺産委員会でこうした立場を強く訴える方針で、さまざまな外交ルートを通じ、同委員会の委員国（韓国と日本含む21カ国）と緊密に協力するとした。

さぁ、それでは今回も容赦なくブッタ斬っていきましょう！

全て調べるのはチョットしんどいので4万人！という徴用者がいると喧伝されている高島炭坑にスポットを当てて書かせていただきます。

1946年、当時の厚生省が供託金の関係で「朝鮮人労務者に関する調査」というものを作らせています。要するに、徴用者に対する個人賠償のための資料ですね。これによると高島炭坑の朝鮮人徴用者は1299人。未払い賃金が総額22万4862円となっています。

炭坑事故や逃亡などもあったとは思うのですが、もう一つ、別な資料を見てみると「主要炭鉱朝鮮人労務者就業状況調」の1944年1月分の高島炭鉱の項を見てみると、在籍1503人の朝鮮人のうち、業務上死傷病者は55人、業務外死傷病者は186人、逃亡者0人となっているので、241人のうち炭坑復帰分を考えると、1946年の1299人は妥当な数字ですね。

ということは、未払い賃金が1人あたり173円、ということになります。

ちなみに、1945年の大卒銀行初任給が80円ですから、どれだけ高給か分かると思います。念のため、この当時の大卒は今の大卒とは違い〝旧帝大卒の超エリート〟という事ですから。

以前も少し書きましたが「朝鮮人は幸せだったように思える」というのは誇張でない

ことがわかります。

仮に、この２４１人の死傷病率、約16％が異常に高い、という指摘があったとします。例えば、現代の中国では２０１０年で７万９５５２人も炭坑事故で死んでいます。これには傷病者は含んでいなく、死者のみがカウントされているんですね。他にじん肺５万７０００人などを含めると死傷病率は、１９４０年代の日本と同じくらいになるでしょうか。これ、現代の中国と比較しての話ですよ、念のため。

危険手当込みを考えても１７３円という超高給を得ていた朝鮮人坑夫。しかも日本は資料を事前に用意して請求権協定を結んだ。これ以上、南朝鮮人は何を望むのか。日本人は言えないでしょうから同胞の私が言いましょう。

はっきり言ってあんたら当たり屋以下の外道だよ。

（韓国、当たり屋以下の外道だよ　２０１５・４・３）

強制徴用、強制動員は「0《ゼロ》」

◆韓日、朝鮮人徴用現場「軍艦島」世界遺産登録めぐる両国間協議開催

（2015・5・9 ハンギョレ）

韓国と日本が、朝鮮人強制徴用現場を含む日本の産業施設のユネスコ世界遺産登録の問題を議論する初めての両国間協議が22日、東京で開かれる。

ユネスコ世界遺産委員会傘下の民間諮問機関である国際記念物遺跡会議（ICOMOS）は最近、日本が申請した23カ所の近代産業施設について「登録勧告」の決定を下しており、6月28日から7月8日までにドイツのボンで開かれる第39回世界遺産委員会で最終登録が決定される。

政府は、このうち、いわゆる「軍艦島」など7カ所が日本植民地時代に朝鮮人が強制徴用された現場であるという点で問題にしている。これらの施設には5万7900人の韓国人が強制動員され、そのうち94人が動員中に死亡した。政府は、当該施設の登録自体を防げなくても、いかなる形であれ、強制徴用について韓国の立場が反映されなければならないという姿勢だ。政府は、これらの施設が登録される場合、関連報告書に朝鮮

人強制徴用があったという記述を入れるか、または関連施設に強制徴用記念碑を設置するなど、多角的の代案を検討していることが分かった。

韓日は、今回の両国協議をはじめ、世界遺産委員会の最終決定まで激しい外交戦を繰り広げるものと見られる。日本の菅義偉・官房長官は同日の記者会見で、「あくまでも専門家機関が世界文化遺産にふさわしいと認めて勧告したものであり、韓国が主張するような政治的主張を持ち込むべきではない」と述べた。

なんて私たちってバカなんでしょうか…。

もし、あなたのお父さんやお爺さんが在命中で徴用経験者であるなら、聞いて欲しい事があります。〝徴用〟は強制でしたか？　と。

国民徴用令による朝鮮系日本人の徴用は、今回の記事のような日本本土へ向かわせるものは1944年9月から1945年3月まで行われたんですね。それでは、この徴用により日本に渡った同胞は何人でしょうか？

昭和35年2月外務省発表集第10号によると「戦時中に徴用労務者としてきたものは

245人にすぎないことが明らかとなった」とあるんですね。ちなみに、その徴用の仕方はいわゆる斡旋方式で、同胞が同胞を集めて日本に送るという形式だったんですね。

さて、この245人はどこにいたのでしょうか？　全員、軍艦島ですか？

ちなみに、軍艦島に働きに来た我が同胞は、ほぼ100％、自由渡航での労働者ですよ（もしかしたら調べ漏れがあって1人くらいはこの245人のうちの1人がいるかもしれないので、ほぼ、としました）。しかも、この245人ですら、強制ではない。

強制徴用、強制動員は「0《ゼロ》」なんですよ。

分かるかなぁ。言葉をいくら弄《いじ》っても「強制」された徴用者はいない。全くの0なんですね。中央日報では「日本人全体を敵にするべきではない」という記事を書きましたが、そろそろ、資料を正しく読み、正しい議論を始めないと、私たちは民族として、国際社会から爪弾きにされてしまいますよ。

（朝鮮人の強制徴用は1人もいないって知っていますか？　2015・5・10）

徴用の強制性を演出したい韓国

◆「産業革命遺産」施設で強制労働被害１５１６人＝韓国政府（２０１５・６・17 朝鮮日報）

【ソウル聯合ニュース】日本政府が世界文化遺産登録を目指す「明治日本の産業革命遺産」の全23施設のうち長崎市・端島炭鉱（軍艦島）など7カ所で、日本による植民地時代に１５１６人の朝鮮人が強制労働を強いられていたことが確認された。韓国政府機関の「対日抗争期強制動員被害調査および国外強制動員犠牲者ら支援委員会」が17日、明らかにした。

委員会は２００５～２００８年に受け付けた国内外の強制連行被害の申し立てについて事実確認や書類分析などを行い、被害者を集計した。

復習です。

国民徴用令による朝鮮半島における戦時徴用は１９４４年9月から１９４５年3月までの7カ月間。これは日本の方も含めて私たちは知っておかなければいけませんね。

また、「在日朝鮮人の渡来および引揚げに関する経緯、とくに戦時中の徴用労務者に

ついて」という外務省資料には、

１９３９年末現在日本内地に居住していた朝鮮人の総数は約１００万人であつたが、１９４５年終戦直前にはその数は約２００万人に達していた。

そして、この間に増加した約１００万人のうち、約70万人は自から内地に職を求めてきた個別渡航と出生による自然増加によるものであり、残りの30万人の大部分は工鉱業、土木事業等による募集に応じて自由契約にもとづき内地に渡来したものであり、国民徴用令により導入されたいわゆる徴用労務者の数はごく少部分である。

しかしてかれらに対しては、当時、所定の賃金等が支払われている。

元来国民徴用令は朝鮮人（当時はもちろん日本国民であつた）のみに限らず、日本国民全般を対象としたものであり、日本内地ではすでに１９３９年7月に施行されたが、朝鮮への適用は、できる限り差し控え、ようやく１９４４年9月に至つて、はじめて、朝鮮から内地へ送り出される労務者について実施された。

さて、基本的な部分はここまでにして、もう一つ知っておいて欲しいことがあります。

それは徴用の動員令状である徴用令書、いわゆる「白紙《しろがみ》」の存在です。ここまで、多くの裁判が行われてきましたが、この「白紙」の存在が出てきたことがありません。

ちなみに、この徴用令書を徴用令状と書くのは共産系が多いように思うんですね。そこまでして強制性を演出したいんでしょうか。

脱線してしまいましたが、確認できる裁判資料の中に、彼らがこれら令書を提出した記録が見当たらないのは不思議ですね。ついでに、「アジア太平洋戦争犠牲者韓国遺族会」のサイトをみると類似のサイトに良く見られる資料集すらないなんて、これまた不思議。

南朝鮮がどういった史料を基にしたのか不明ですが、その史料を開示すれば良いだけなのになぜ出さないいか。それは出した瞬間に論破されてしまうからです。今回の１５１６人も恐らく、全員が自由契約者なんだろうな、と金田は思っています。

（強制徴用、強制連行って、その史料をなぜ出さないいか　２０１５・６・17）

「徴用」と「強制労働」は全くの別物、文化遺産にはこう記せ！

◆明治日本の産業革命施設　世界遺産登録決定（2015・7・6 朝鮮日報）

【ボン聯合ニュース】国連教育科学文化機関（ユネスコ）の世界遺産委員会はドイツ・ボンで5日（現地時間）、「明治日本の産業革命遺産」（23施設）の世界文化遺産登録を決めた。韓国政府が求めていた朝鮮人の強制労働の歴史は注釈をつける形で間接的に反映させることにした。

両国は23施設のうち、7施設で朝鮮人の強制労働があった歴史をどう反映するかについて協議を続けて最後に歩み寄り、委員国の全会一致で登録が決まった。

日本政府代表団は登録決定直前に行なった演説で、1940年代に一部施設で朝鮮半島の多くの人々が本人の意思に反して連れてこられ、厳しい環境で労働を強いられたと明らかにした。また、情報センターの設立など、被害者をしのぶための適切な措置を取る方針を示した。登録決定文には注釈で、「世界遺産委員会は日本の発表を注目する」と明示し、演説と注釈を連係させる形で強制労働が行なわれた歴史を認めた。

日本政府は2017年12月1日まで世界遺産センターに経過報告書を提出し、18年に開催される世界遺産委員会で報告書を検討することにした。

韓国政府当局者は「強制労働という歴史的な事実をありのまま伝えるべきだというわれわれの立場を反映させた」と説明。「対話を通じて問題を解決し、今後の両国関係の安定的な発展にもつながると思う」と述べた。

両国は最後に歩み寄ることで採決という正面衝突を避け、先月の国交正常化50周年を受けて生まれた対話ムードを関係改善に向けた好循環につなげていけるかどうか注目される。

産業革命遺産23施設のうち、７施設には太平洋戦争中、多数の朝鮮人が強制徴用され、労働を強いられた。７施設は三菱長崎造船所の第三船渠やジャイアント・カンチレバークレーン、旧木型場の３施設、高島炭坑、端島炭坑、三池炭鉱・三池港、官営八幡製鐵所。韓国政府によると、７施設には約５万７９００人の朝鮮人が強制徴用され、うち94人が死亡した。

今回の文化遺産登録に関しては悪い意味で、予想通りでした。歴史捏造を強化し、それを間接的に日本に認めさせ、そして外堀を埋めていく。一部ではどちらとも取れる判断という声もありますが、正直、日本外務省の負けです。

この記事もそうですが、ウソをツラツラと並べているだけなのに、どうして根気良く反駁《はんばく》しないのか。

もっと多くの日本人が正しい歴史認識を持ち、自ら声を上げていかないと、また同じ事を繰り返されるだけです。コメントに「金田の意見を」、というものがありましたが、金田の主張は以前から変わりません。軍艦島に強制徴用はなかった。今回はこれを別な視点で書きたいと思います。

強制労働〝Forced labor〟はアメリカでもヨーロッパでも普通にありましたが、同じ言葉のように見えて日本の国民徴用令における徴用とは意味が全く異なる事をご存知でしょうか。

強制労働条約（C29）というものがあります。日本が1932年に批准した条約ですが、ここには強制労働について第2条で定義をしています。ちなみに、時代的に植民地に対する労働形態を念頭に書かれているので、ちょうど今回の件が強制労働かどうかが分かる条約ですね。

第二条
1　本条約ニ於テ「強制労働」ト称スルハ或者ガ処罰ノ脅威ノ下ニ強要セラレ且右ノ者ガ自ラ任意ニ申出デタルニ非ザル一切ノ労務ヲ謂フ
2　尤モ本条約ニ於テ「強制労働」ト称スルハ左記ヲ包含セザルベシ
(a)純然タル軍事的性質ノ作業ニ対シ強制兵役法ニ依リ強要セラルル労務
(b)完全ナル自治国ノ国民ノ通常ノ公民義務ヲ構成スル労務
(c)裁判所ニ於ケル判決ノ結果トシテ或者ガ強要セラルル労務尤モ右労務ハ公ノ機関ノ監督及管理ノ下ニ行ハルベク且右ノ者ハ私ノ個人、会社若ハ団体ニ雇ハレ又ハ其ノ指揮ニ服セザル者タルベシ
(d)緊急ノ場合即チ戦争ノ場合又ハ火災、洪水、飢饉、地震、猛烈ナル流行病若ハ家畜流行病、獣類、虫類若ハ植物ノ害物ノ侵入ノ如キ災厄ノ若ハ其ノ虞アル場合及一般ニ住民ノ全部又ハ一部ノ生存又ハ幸福ヲ危殆ナラシムル一切ノ事情ニ於テ強要セラルル労務
(e)軽易ナル部落ノ労務ニシテ該部落ノ直接ノ利益ノ為部落民ニ依リ遂行セラレ従テ該部落民ノ負フベキ通常ノ公民義務ト認メラレ得ルモノ尤モ部落民又ハ其ノ直接ノ代表者ハ右労務ノ必要ニ付意見ヲ求メラルルノ権利ヲ有スルモノトス

解釈：

強制労働というのは、処罰の脅威によって強制され、また、自らが任意に申し出たものでないすべての労働のことである。もっとも、純然たる軍事的性質の作業に対し強制兵役法によって強制される労務、国民の通常の市民的義務を構成する労働、裁判所の判決の結果として強要される労務、緊急の場合、例えば戦争、火災、地震、猛烈な流行病その他のような災害またはそのおそれのある場合に強要される労務、軽易な地域社会の労務であって通常の市民的義務と認められる労務などは包含されない。

この解釈は国際労働機関からの引用です。これを読んで、徴用が強制労働だと思いますか？

ドイツがユダヤ人に対して行ったのは強制労働です。

アメリカが日系人に行ったのも強制労働です。

ロシアがシベリア抑留で行ったのも強制労働です。

韓国がベトナムで行った慰安婦問題も強制労働です。

ですが、日本の国民徴用令の下で行われたのは強制労働ではないのです。

いいですか、南朝鮮は、徴用→強制徴用＝強制労働　として運動していたんですよ。外務省も分かりきっていたのに、どうしてこの条項を立てて反駁しなかったのでしょうか。この一文だけで、日本は南朝鮮の言いがかりを否定することができたはずです。

ですが、過ぎたことを今更とやかく言いたくありません。ですから、文化遺産に注釈を加えるのでしたら、こう書くべきです。

「この施設は戦時中に徴用（Requisition）が行われていました。徴用は全ての国民に等しく課せられたものであり、強制労働条約（Ｃ29）に定める強制労働（Forced labor）は行われておりません。また、この施設で働いていたのは日本人がほとんどで朝鮮人（当時は日本人）は少数でした。」

ここは、史実を曲げず、正しく、明記しなければいけません。外務省役人の皆さん、こういった条約に関する知識はあなた方だけが知っているんじゃないんですよ。日本人のために、日本国のために、あなた方は働かなければいけないのです。

（徴用と強制労働は全く別物：文化遺産にはこう明記すべきです　２０１５・７・６）

朝鮮人労務者を奴隷扱いするのは彼らの誇りを傷つける行為

◆〈韓日世界遺産葛藤〉日本政府「強制労働ではない」…対外説明を本格化

（2015・7・8 中央日報）

日本政府は世界文化遺産登録が決まった「明治日本の産業革命遺産」に関連し、韓半島（朝鮮半島）出身の労働者が「強制労働」を意味したものではないとの対外説明を本格化させていると共同通信が6日報道した。

報道によれば日本政府は、他国との2国間協議や国際会議などの機会を活用して、韓半島出身者らの労働が「強制労働」にはあたらないという立場を明らかにする方針だ。

菅義偉官房長官はこの日の記者会見で「（徴用は）国際労働機関（ILO）の強制労働条約で禁じられている強制労働にはあたらない」とし「代表団の発言は強制労働を意味するものでは全くない」と明らかにした。

素晴らしい！

しっかりと文章にして、誰の目で見ても、英語話者が見てもハッキリと分かるように

「強制労働はなかった！」と書くようにしてください。

もちろん、これらの施設は１８５０～１９１０年においては徴用令による徴用は１人も存在せず、ここで働いていた朝鮮人は全員が自由意志で働きに来ていた、と史実に基づいて明記をお願いいたします。

私たち在日にも僅かですが誇りはあります。

当時の南朝鮮では得られなかった高給を、高待遇を、そして最新施設で働けたのは誇りだったに違いありません。そういった先人の想いを無視して、強制連行されて奴隷として扱われた、というのはその誇りを傷つけるものです。

南朝鮮同胞や反日同胞には誇りはないかも知れませんね。ですが、多くのフツーの在日にとっては僅かながらに残っている誇りまで埃のように穢《けが》されるのは許されないのです。

安倍首相を始め、日本政府や外務省の担当官の皆様。

日本人のために、必ずや歴史に残るような汚点を完全に消し去ってください。

そして、こんな事を言うのはおこがましいのは分かってはいますが、反日同胞よりもフッーの在日同胞の方が数が多いのです。一部の在日の目を気にして阿《おもね》るのではなく、声を出していない、その他多くの在日の名誉のためにも、私たちは自由意志で働きに来ていたと書いて欲しいのです。

私たちは奴隷の子孫ではなく、自由人の子孫だと胸を張って言えるように、必ずや、強制労働はなかったと世に知らしめて欲しいのです。

（日本政府の皆さん助けてください！　私たちは奴隷の子孫にされそうです。　２０１５・７・９）

慰安婦や被徴用者に個人請求権は存在しない

南朝鮮人もそして日本の人たちもこの個人請求権に関して大きな誤解があるのをご存知でしょうか。

有名な１９９１年８月27日、衆議院予算委員会における柳井俊二氏の発言があります。

『(日韓基本条約は) いわゆる個人の請求権そのものを国内法的な意味で消滅させたというものではない。日韓両国間で政府としてこれを外交保護権の行使として取り上げることができないという意味だ』

実はこの発言そのものが大きな誤りであり、それ以降の賠償請求訴訟乱立を招いた元凶なんですね。それでは、なぜ、この発言が誤りなのかを明らかにするため、今一度、日韓請求権協定を紐解いてみたいと思います。

○日韓請求権協定 第2条第1項

両締約国は、両締約国及びその国民(法人を含む。)の財産、権利及び利益並びに両締約国及びその国民の間の請求権に関する問題が、千九百五十一年九月八日にサン・フランシスコ市で署名された日本国との平和条約第四条(a)に規定されたものを含めて、完全かつ最終的に解決されたこととなることを確認する。

これだけ読むととっても広い範囲での解決条項ですが、実は、これには「合意議事録」があり、非常に明確に合意内容が記されています。

○日韓請求権協定合意議事録

（g）同条1にいう完全かつ最終的に解決されたこととなる両国及びその国民の財産、権利及び利益並びに両国及びその国民の間の請求権に関する問題には、日韓会談において韓国側から提出された「韓国の対日請求要綱」（いわゆる八項目）の範囲に属するすべての請求が含まれており、したがって、同対日請求要綱に関しては、いかなる主張もなしえないこととなることが確認された。

それでは、この対日請求要綱とはなんなのかというと、それは以下の通りです。

○韓日財産及び請求権協定要綱

（1）朝鮮銀行を通じて搬出された地金六七、五四一、七七一・二g（第五次会談時提示）及び地銀二四九、六三三、一九八・六一g（第五次会談提出時提示）の返還請求

（2）1945年8月9日現在の日本政府の対朝鮮総督府債権の返済請求

（3）1945年8月9日以後韓国から振替又は送金された金品の返還請求

（4）1945年8月9日現在韓国に本杜本店又は主たる事務所がある法人の在日財産の返還請求
（5）韓国法人又は韓国自然人の日本国又は日本国民に対する日本国債、公債、日本銀行券、被徴用韓国人の未収金、補償金及び其他請求権の返済請求
（6）韓国人（自然人、法人）の日本政府又は日本人に対する個別的権利行使に関する項目
（7）前記諸財産又は請求権より発生した諸果実の返還請求
（8）前記の返還及び決済の開始及び終了時期に関する項目

そう、（5）において、徴用者の未払金云々含めて返済請求もできず、それどころか、（6）において、将来起こりえるかも知れない、南朝鮮からの個人賠償請求すら認めない、「いかなる主張もなしえない」という強い表現で、その権利がないことに日韓両国で合意しているのです。柳井氏の発言は正直なところ、国益に反する全くの不勉強な発言だったわけですね。

ですから、挺身隊の厚生年金脱退請求で199円の支払いを行った当時の社会保険庁

も不勉強だし、それ以外にも、戦時の裁判による支払いや原爆被害者に対する支払いですら全て行う必要のないもの。その請求は全て棄却しなければいけなかったものだったのです。

今からでも遅くありません。合意議事録に則り、今後は全ての請求を棄却。ということで、続けて南朝鮮外交部に質問をぶつけてみたいと思っています。

（慰安婦や徴用者の個人請求権は存在しない　2016・2・5）

高待遇だったことが分かる三菱重工の仁川社宅

◆日帝強制占領時の強制徴用労働者宿舎に存廃議論＝韓国（1）（2016・4・8 中央日報）

3日午後、仁川市富平区（インチョンシ・プピョング）プヨンロ21－81の一帯。高いマンション建物の間で、低層の古くて小さな家90軒余りが連なっている。コンクリート壁は塗りがはげて一部は崩れ、相当数の建物の屋根が落ちていた。門扉は大人1人が入るのにも狭苦しかった。空き家のドアを開けて入ると13平方メートル程度の小さくて暗い部屋が見える。建物の片隅には、カギのかかった共用トイレがある。「三菱列社宅」だ。

この列社宅の保存問題をめぐる議論が真っ最中だ。見た目が良くないので完全撤去すべきだという主張と、改装を推進する区庁が対抗している。またもう一方では、列社宅地域に歴史記録版を設置すべきだという学界専門家の主張と「住居空間を観光商品にする」という居住民が対抗している。

三菱列社宅は日帝強制占領期間である１９３８年に機械製作会社の弘中商工が労働者を受け入れるために作った宿舎だ。建物が列をなしているようだったので「列社宅」と呼ばれた。１９４２年に軍需物資補給工場を運営していた三菱重工業が買収した。当時１０００人余りの韓国人労働者が列社宅で生活していた。光復（解放）後に日本が退いた後も、相当数の労働者が列社宅に住んでいた。古かったが賃貸料が安く１９５０～60年代には貧しい音楽家たちが集中的に暮らしていたこともあった。列社宅は当初１０００軒余りの規模だったが、今は87軒だけが残っている。このうち50軒余りは空き家だ。残りの37軒に１人の高齢者と基礎生活受給者ら40人余り（住民登録上では70人余り）が暮らしている。自己所有または賃貸形態だ。

2014年から再開発が取りざたされている仁川市富平の列社宅。

行った事がある人は分かると思いますが、だいたい1戸が33平方メートルくらいの広さがあるもので、この記事のような〝13平方メートル〟しかないようなことはなく、1940年頃、日本陸軍造兵廠《ぞうへいしょう》の部品下請け業者である三菱が工場労働者のための寮団地として建てたのがこの列社宅です。

敷地面積は2317坪に1000軒余りが建てられたのですから、この時点で13平方メートルはありえないのですが、記事から分かる通り、1軒に1人という割り当てだった。当時の日本のこういった宿舎の多くがタコ部屋だった事から、三菱の労働者は非常に高待遇だった事がここから推測できます。

こんな社宅までも用意していた三菱に対して「過酷な労働条件だった！」なんて口が裂けても言えることではなく、日本のためにも正しく歴史記録版を作って欲しいですね。

例えばこんな感じに。

三菱重工業 仁川社宅
1940年頃、弘中商工や三菱重工業などで働いていた労働者のための宿泊施設であり、その構造から「列社宅」と呼ばれている。広さは1戸当たり33平米ほどあり、当時の仁川では珍しく下水道が完備された建物であった。

当時の労働者は幸せだったんじゃないですか？
金田が知っている元三菱重工業で働いていた方も「生活は楽だった」と言いますし。
まぁ、徴用問題自体がウソばかりなんですけどね。
（日本のためにも社宅跡は残しても良いと思います。　２０１６・４・８）

サムスンこそが戦犯企業

◆「戦犯企業だから」ソン・ヘギョが三菱自動車の広告オファー断る（2016・4・12朝鮮日報）

女優ソン・ヘギョ（34）が日本企業から広告モデルのオファーを受けたが、「第二次世界大戦の戦犯企業だから」という理由で断っていたことが分かった。
ソン・ヘギョ側の交渉・広報を代行している広告会社「シャル・ウィー・トーク」が

11日に明らかにしたところによると、ソン・ヘギョは1カ月前に三菱自動車から、中国で放送される広告モデルのオファーを受けたが、これを断ったとのことだ。ソン・ヘギョ側が断った理由については、「第二次世界大戦中に韓国人を強制労働に動員した問題で訴訟中の戦犯企業だから」と説明した。ソン・ヘギョは現在、KBSドラマ『太陽の末裔（まつえい）』で主演中で、韓国だけでなく中国でもトップスターになりつつある。

ソン・ヘギョは昨年、韓国の広報活動に取り組む「韓国広報専門家」徐ギョン徳（ソ・ギョンドク）誠信女子大教授と共に、ニューヨーク韓人教会など米国の独立運動史跡や各国の博物館にハングル版の案内書作成を支援した。

実は私の様な者でも南朝鮮同胞の言う〝戦犯企業〟という区分けがよく分からないことがあります。

簡単に、大戦中、私たち朝鮮人を雇用（徴用）して利益を上げた企業は戦犯企業なのか。それとも、経営者は朝鮮人であっても日本の資本が入っているものも入るのか。

経営者が朝鮮人で朝鮮資本であり、日本の利益に寄与した場合は親日系企業なのですけど、上記のような朝鮮人経営者で日本資本の企業の場合、なぜだか誰もそれを指摘することなく、現在も栄華を誇っています。そう、サムスンのことです。

サムスン電子の母体である「三星商会」は１９３８年にイ・ビョンチョルによって創業されています。この時は食料品を主体とした会社であり、これは戦時（日中戦争）に食料を軍隊に供給することで莫大な利益を受けることになりました。この時、日本の助けがあったことは言うまでもありません。

戦後、日本が朝鮮半島に残した資産を「積算」と言い、戦後、この積算は、国内総資本の91％にもなった。この莫大な積算はどうなったのかというと、戦中、日本のために利益をもたらしていた企業のために李承晩は払い下げを行ったのです。

そして、イ・ビョンチョルはこの「積算」とアメリカの援助資金を得て１９５１年に「三星物産株式会社」を設立。この会社は朝鮮戦争によって生じた物資不足と物価高騰を利用してたった1年で17倍に成長。

南朝鮮にあった第一製糖や第一毛織といった日本企業はイ・ビョンチョルが破格の安値で手に入れており、また、弘業銀行株83％、曹洪銀行株55％、商業銀行株50％を買収するなど、国内金融機関の株式の50％を手に入れた。

ちなみに、サムスンは１９５１年には当時のお金で脱税額33億ウォンを超え、戦禍に苦しむ国民の上に現在の資産を築き上げたのです。

ついでに書くと、このイ・ビョンチョル、１９６０年に起きた４月革命の時に日本に密入国しています。もし、日本がイ・ビョンチョルを捉えて強制送還していれば、サムスンは存在しておらず、サムスン創業家は日本に対して恩義を感じていないといけないんですが…。

さて、ソン・ヘギョに伺いたいのですが、もし、三菱が戦時中に戦犯企業ならサムスンも戦犯企業ではないですか？

まぁ、サムスンは経済界の王だから媚びへつらうのは分かりますけど。

（戦犯企業って、サムスンの事ですか？　２０１６・４・12）

昭和東南海地震、日本人は朝鮮人を差別せず救護した

◆強制動員：東南海地震で死んだ朝鮮人二人に日本政府の補償・謝罪求める

（2016・6・1 朝鮮日報）

1944年12月7日に熊野灘で発生した東南海地震の際、徴用で死亡した勤労挺身（ていしん）隊の女性二人を、「三菱の航空機の製品増産」のため仕事をしていて亡くなったかのように偽って報じた当時の新聞が発見された。

「勤労挺身隊のおばあさんと共に歩む市民の会」（以下、市民の会）によると、植民地時代に名古屋の航空機製作所へ強制動員された勤労挺身隊員6人が東南海地震で命を落としたが、最近、これを「日本のために死んだ」かのように装った新聞が発見された。亡くなったのは光州・全羅南道出身の女性で、いずれも10代。

「市民の会」の関係者は「二人の少女は、地震が発生した当日まで現場で強制労働させられていたことが証明されたにもかかわらず、当時日本の新聞は、二人の死を『日本のために働いて殉職した』かのように装っている」と語った。

さらに「紙面を通して、朝鮮の少女たちが地震で犠牲になったことが証明されたが、

日本は『当時、厚生省の年金に加入していなかった』という理由で、いまだに補償はおろか一言の謝罪もない。日本の謝罪と韓国政府の強力な対処を求める記者会見を、6月1日に開く予定」と付け加えた。

用語には定義があり、その定義を無視して記事を書くのはメディアとしては罪です。日本が行った徴用政策は強制労働ではない、という定義を無視してこういった記事を書いているのには一つの狙いがあります。それは言葉が時代とともに変遷する事を意図して行おうとしているからで、日本の徴用を近い将来、「強制労働」であったとしたいからです。

これに対し、日本政府はあまりにも努力をしていないですよね。南朝鮮が10回「徴用は強制労働」と書くなら、日本政府は100回は「徴用は当時の日本人の義務であり賃金も支払われ強制労働ではない」と広報しなければいけないのですが…。

で、徴用は日本人の義務として、日本のために働くものです。ですから、「日本のために働いて殉職」というのは間違いではないのですが、この記事は私たちにとても大切な事を教えてくれていることにこの人たちは気が付かないようで。

この地震による死者は１２２３名に及ぶとされています。そして、この記事の舞台である名古屋の道徳飛行機工場では60名もの死者が記録されている。それにも拘わらず亡くなった朝鮮人は６名であり９割は日本人だった。これってどういう事か曇った眼鏡を外して考えてみたら良いですよ。

そう、この地震で日本人は朝鮮半島出身とかそういった区別なく平等に救護していただけでなく、朝鮮人だからという虐殺もなかった事が分かる。もし、私たちが言う「日本人は差別的で朝鮮人に対して虐殺を繰り返している」のであれば、死者が６名で済んでいたでしょうか。

それと、私たちもそろそろ小ネタが尽きてきたようですが、クドイようですが日韓請求権協定で全てが解決済みです。日本に対して謝罪や賠償を求めても一切無駄ですし、南朝鮮国内でも既に時効が過ぎています。騒ぐだけ騒いで、オシマイになるでしょう。

日本サゲだけをしたいからなのでしょうが、ここ数年の行き過ぎた条約無視を世界がどう見ているか、考える事ができるアタマが彼らにはないのが残念です。

最後に一言、あなた方に言葉を贈ります。

「自分の価値を決めるのは自分」

常に相対評価に曝されている社会に生きる南朝鮮同胞は、常に他人の目を意識し、自分がどう評価されているかについて異常なほど思いを巡らせます。いわゆる集団的〝不安型愛着障害〟を引き起こしているのですが、他人の足を引っ張ると自分の人間性は下がる事に気がつかない人たちでもあります。

妬み、嫉み、恨み、怒り、暴力…

私たちを評する単語がどれもネガティブなものばかりなのは、こういった常に他人を意識し、他者の足を引っ張ろうとする捻じ曲がった性根から来ているのです。

（徴用問題：震災の時、日本人は区別なく救護していた　2016・6・2）

当時の朝鮮では当たり前だった日本への出稼ぎ

◆産業革命遺産の強制労役　日本の対応「検討中」（2016・7・3 朝鮮日報）

昨年の世界遺産委員会で日本の代表は、「本人の意思に反し動員され過酷な条件下で働くことを強要された数多くの韓国人とその他国民がいた」と英語で発言した。

しかし、この英語の発言の中の「forced to work」という表現について匿名を希望する日本政府のある関係者は、日本政府がその後言及した通り、「働かされた」を表現したもの以外の何ものでもないとした。菅義偉官房長官が発言したように徴用は強制労働ではないとの日本の見解に、この先も変化はないとみられる。

戦時中、朝鮮人は区別されていました。当時の朝鮮人はその区別に対し、非常に怒りを表し、その状態を打破させようと懸命に活動をしていました。

国民徴用令というものが1939年7月より行われる事になりました。1944年7月までは日本人の内、いわゆる内地人のみがその対象となり、陸海軍関係では44年3月末までにその実施数462回（うち現員徴用分28回を含む）行われ、90万7748人（内、現員徴用29万４０９８を含むので実人数は61万３６５０人）が徴用される事になりました。

最終的に労務動員数は、
被徴用者数 ６１６万４０００人
動員学徒数 １９２万７０００人
女子挺身隊隊員数 47万３０００人
外地からの労働者移入数 35万７０００人
となり、朝鮮人、台湾人、中国人などを全て含めて35万７０００人だったのです。

昭和19年頃の九州の炭坑での賃金は１日平均5円とされていました。これに手当てが付加されるので月収は１５０円~１８０円、勤務成績が良ければ２００円~３００円にもなりました。『炭山に於ける半島人の労務管理』（大内規夫）によると、

同じ職種では日本人徴用者に比較して「はるかにいいのが実情である」と指摘されているくらいである。従って、朝鮮の親元への送金や貯金（徴用時は強制貯金）も行われ、

「半島労務者の送金は普通三〇円〜五〇円程度」。

なぜ、労務動員数の総数が1300万人を超えるというのに、外地労働移入数がたったの35万7000人なのか！　これって区別でなければ差別だろ！　もっと早くに徴用をしてくれていれば稼ぎも増やせたのに！

というのが当時の私たちの声。何せ徴用をしていなくても内地に行って出稼ぎをするのは当時の朝鮮では当たり前で、住み込みで3食ありつけて稼ぎも良いんですから、徴用を待ち望んでいたのですね。

徴用者全体の内、外地移入者はたったの2・8％。これは日本人が朝鮮人や台湾人から搾取していない証拠となりますので忘れないで欲しい数字です。

徴用ですから働かされたのかも知れませんが、史実としては自ら望んで働きに行った、というのが多くの史料から導き出せる全体像。

間違っても強制労働とは違うものなのです。

（徴用と強制労働は違う。その理由。　2016・7・3）

日本人だけが知らない請求権協定の徴用者定義の変化

◆＜韓国大統領選＞支持率急上昇の安哲秀候補「韓日合意、修正を」（2017・4・7 中央日報）

安候補が韓日合意を批判したのは今回が初めてではない。安候補は昨年12月28日の慰安婦に関する韓日合意1周年を迎え、自身のフェイスブックに「慰安婦合意は被害者の方の意志を無視して強行した不通の結果文」とし、「廃棄されて当然だ」と批判した。引き続き「日本政府が真正性のある謝罪を行い、その責任を全うするまで歴史の流れを正すために先頭に立っていく」と明らかにした。

彼は少女像の撤去も反対している。昨年9月8日、慰安婦被害者に会った場で「韓日首脳会談で安倍首相が少女像の撤去を要求すること自体が適切でなかったと考える」として「少女像は象徴だが、その象徴をなくそうとするいかなる試みも許されない」と指摘したことがある。

南朝鮮は「戦勝国」という立場に固執しています。面白いことに「被害国」であるとも考えているのですね。それぞれ少し引用すると、李議員は「1951年9月8日に締結された『サンフランシスコ講和条約』は韓国に対する不平等条約だ。韓国が戦勝国であるのにもかかわらず条約締結に参加していなかった1951年の条約を修正し、韓国が直接参加する2014年の『新サンフランシスコ講和条約』を締結することを米国と日本に要求する」とも語った。（抜粋）

これまで光復節（8月15日、日本による植民地支配からの解放を記念する日）を含め、在任の4年間に一度も戦争加害国として謝罪していない安倍首相が、漫画やゲームのキャラクターのように明るく、マリオの象徴である赤い帽子をかぶって現れたのだ。（抜粋）

てな感じ。戦争には勝ったけど、被害者？　まぁ、あり得る話ですが、戦勝国なら、

サンフランシスコ平和条約第14条bに

（b）この条約に別段の定がある場合を除き、連合国は、連合国のすべての賠償請求権、戦争の遂行中に日本国及びその国民がとつた行動から生じた連合国及びその国民の他の請求権並びに占領の直接軍事費に関する連合国の請求権を放棄する。

とあり、これにより請求権は存在せず、元々、請求権協定により被徴用者による個人

的権利は存在しないというのが南朝鮮の正式な立場。ちなみに、元々、慰安婦は徴用者扱いで、慰安婦のような売春婦を同じに入れたくないという事から分離したでしょうに。ちなみに、日本人だけが知らない請求権協定にある「徴用者」の定義の変化について少し書かせて頂くと、この徴用者には元々、「国が国民を兵役以外の業務に就かせること」でした。徴用者、というだけで、私たちは日本国民であることを暗に肯定しているのですね。

で、この徴用者というのは本来、炭鉱も工場もそして慰安婦も国がその業に就かせたもの全般を含めた言葉なのですが、慰安婦だけは「女子挺身隊」などと〝誤用〟して、慰安婦を徴用者から分離。今では、慰安婦と徴用者は完全に別物といった扱いとなっています。

請求権協定を締結時に慰安婦に関しては話し合われていない、と私たちは主張しますが、慰安婦についてはもちろん言及していますし、慰安婦はこの徴用者に含まれていたのですね。

慰安婦が徴用者でなければ、「国が」の部分が担保されなくなるので、単なる私娼に過ぎなくなるのですが、そこには触れずにいる。ですが、徴用者であれば、南朝鮮政府の公式見解通りに個別的権利は存在しない。

結果として、戦勝国でも被害者国でも、徴用者でも慰安婦でも、彼女らは一切の個別的権利は存在しないのです。

ちなみに、私たちがよく持ち出すドイツの個別補償について目を向けてみると、5万6000人に対して7億2000万ユーロの補償金でした。1人あたりおよそ1600万円。それに対して慰安婦合意では1人あたり1000万円。この他にも、今まで1人あたり500万円の支給や医療費補助などとドイツに比べて相当手厚い内容となっています。

それでも足りないからもっと出せ！という南朝鮮。それを乞食と見るか、当たり屋と見るか、正しい認識を私たちは持たなければいけません。

最後に、この売春婦像に関しての日本の要求を勝手に置き換えないでほしい。日本は国際条約に基づき、撤去を求めているだけであり、「なくそう」としているのではない。要するに、この安某氏も正しく相手の要求を理解できる能力が不足しているということがこの記事から分かるのですね。

（慰安婦は元々、徴用者のカテゴリーだった　2017・4・9）

遺骨返還事業に絡む北朝鮮関連団体

◆強制徴用犠牲者の遺骨33柱返還　15日に追悼式＝韓国（２０１７・８・10 朝鮮日報）

【ソウル聯合ニュース】東京・東村山市の国平寺に祀られていた朝鮮人徴用被害者の遺骨33柱が、韓国に戻された。

国平寺には、日本による植民地時代に強制徴用された先祖約３００人の遺骨が安置されている。今回は身元が確認された１０１柱のうち33柱のみが引き渡された。残りの遺骨は来年までに順次戻される予定だ。

「東京都東村山市にある国平寺には在日コリアンの無縁仏４００柱が保管されており～」これはアジア大学で学んでいた在日同胞が書いた論文からの一節です。記事は３００人となっていますが、身元が分かり次第〝処分〟していますから、こんな感じでしょう。私たち在日は、この国平寺の遺骨を徴用者の遺骨ではなく、単なる「無縁仏」としか考えていません。

さて、この遺骨返還事業、実は北朝鮮が絡んでいるのですね。例えば、その遺骨の一人、故李永吉氏。李氏は北朝鮮出身で戦犯として裁かれた御仁。何故だか彼は北朝鮮にも南朝鮮にも帰国することなく、日本で病に倒れて、〝手厚い〟看病を日本で受けて亡くなりました。李氏の家族は南北どちらにも見つけることができなかったのですが、彼は、北朝鮮に帰ることなく、南朝鮮で埋葬されるのだそう。

この33柱は、李氏以外にも徴用とは全く関係ない人ばかりなのですね。それがいつの間にか、「徴用犠牲者」の遺骨ということになってしまったのです。

ちなみに、この返還事業は「朝鮮人強制連行真相調査団」とか「在日朝鮮人平和統一協会」「総聯西東京本部」といった北朝鮮関連団体が中心となって行っています。

お月様政権だからこそ、大っぴらにこういった事ができるようになったのですね。ちなみに、三菱訴訟はこれに絡んでの判決。南朝鮮国民を遺骨返還などと絡めて、人情的に徴用被害という捏造を国民に植え付けようとしているのです。

（徴用者でもなんでもない北朝鮮人の遺骨を、なぜ、韓国に埋葬するのか？　２０１７・８・11）

嘘で塗り固められた三菱判決の裏側

◆個人請求権を認めた文大統領発言に日本が抗議 「完全かつ最終的に解決済み」

（2017・8・19 朝鮮日報）

植民地時代の徴用者の個人請求権を認めた文在寅（ムン・ジェイン）大統領の発言が、韓日間に新たな論争を呼びそうな気配だ。文大統領は17日の記者会見で「両国間に合意があっても、強制徴用者個人が三菱などをはじめとする企業に対して有する民事的権利はそのまま残っているというのが、韓国憲法裁判所や大法院（最高裁に相当）の判例。韓国政府は、そういう立場で過去史問題に臨んでいる」と語った。

65年の国交正常化当時に結ばれた請求権協定は、「日本は韓国に無償援助3億ドルと長期低利借款2億ドルを提供」し、「韓国政府は両国および国民間の請求権に関する問題が最終的に解決されたことを確認」するという内容を含んでいる。

しかし80年代後半から、協定の締結当時は知られていなかった従軍慰安婦問題が持ち上がり、政府間合意で個人の請求権を消滅させることができるのかという問題提起が相次いだ。ここで韓国の憲裁は２０１１年、「韓国政府が慰安婦・原爆被爆者らの賠償問題をめぐる韓日間の紛争を解決しないのは違憲行為」という決定を下した。12年5月には大法院が、三菱重工業・新日鉄を相手取って韓国人徴用被害者および遺族などおよそ10人が起こした損害賠償請求訴訟で「韓日請求権協定があったからといって、故人の損害賠償請求権まで消滅したとみなすことはできない」と判示した。文大統領は、この二つのケースに言及したのだ。

韓国の歴代政権は、司法府の独立的判断とは別に、行政府レベルでは「基本条約および請求権協定は尊重する」という立場を取ってきた。国際的合意を破棄することへの負担があったからだ。日本政府は、文大統領の発言がこうした行政府の立場の変更を意味するのかどうかについて神経をとがらせている。個人請求権を主張し、日本企業を相手取って起こされた訴訟がおよそ10件、韓国の裁判所で係争中になっていることも日本を刺激している要因だ。

三菱重工に対する地裁判決が無効な理由は既に書きましたが、それに対して追加をしたいと思います。

実は、南朝鮮では、外交通商部が発表した公式見解について知らない人が多いのは確かです。

ところが、お月様はもちろん、裁判官はこの公式見解を知らないはずがないのですね。公式見解では個人の損害賠償請求権が消滅していることを伝えていますが、実は、外交部はこの判決に際し、意見書を提出していました。内容は「個人の請求権はない」というもの。それなのに、国の意向を無視して、他の何かの意向を受けて、こんな判決を出したのです。

本題に入るその前に、この大法院の判決文〝대법원 2012·5・24 선고 2009다22549 판결〟（最高裁2012年5・24宣告2009多22549判決）から面白い部分を抜粋しましょう。

原告等は各自の割り当てられた仕事において月2回の休日を除いては、毎日、朝8時から夕方6時まで鉄板を切ったり銅管を曲げたり、配管の等に従事しており、一日の作業が終了したら三菱が用意した宿泊施設に戻り寝食を得ていたが、食事の量や質は著しく不良であり、部屋も12畳程度の狭い部屋で10~12人の被徴用者が共に生活していた。また、宿泊施設周辺には鉄条網が張られており、勤務時間はもちろん、休日にも憲兵、警察などによる監視が厳しく、自由がほとんどない状態であり、朝鮮半島に残してきた家族との対面も事前検閲によってその内容が制限された。旧三菱から前月21日から当月20日までの出勤日数を基準にして当月28日に給料を受けていたが、給料として支給されるお金は日本の通貨で月20円程度、原告２は月23～24円程度、原告３は月に35円程度、原告４は月30円程度であった。

実は、この賃金、大ウソです。

それと言うのも、当時、彼らが受け取っていた給与明細が残されているからですね。釜山にある、「日帝強制動員歴史館」という所に綺麗に展示までしてくれています。

この明細を見ると17円も貯金していたりしています。当時の賃金調査は既に日本側も終えていて、日本側は朝鮮人との賃金格差は付けないようにすべき、という通達も出しているくらい、朝鮮人を平等に扱っていることが判明しています。

また、『半島人労務者に関する調査報告』（日本鉱山協会発刊）を見てみると、昭和20年1月～7月の炭鉱夫の賃金は日給で平均４・82円（赤池炭鉱）であり、週に一度は休みがあり、また、半日の勤務日もあった。彼らの給与に関しては証拠が提示されておらず、嘘の証言でのみ、それを認定しているのですね。

南朝鮮司法は、韓国併合自体を違法であると認定しており、日本の国家総動員法など日本国内では適法であっても、違法に強占されていた朝鮮半島においては、この国家総動員法による徴用もまた違法行為である故に、国際司法の通例による他国の判決の準用はできない、というのが彼らの主張。

要するに、この判決の要旨は全てが嘘や通常の思考とはかけ離れたもので塗り固められたものであり、そこに、お月様という従北者が南朝鮮の王となったことから、弾劾して葬り去った人物の時代に出された意見書を握り潰した、というのがこの判決の裏側だったのです。

歴代政権との訣別、それがお月様政権の基本姿勢なのでしょうね。

（三菱判決の裏側　2017・8・19）

日本人よりも優遇されていた朝鮮系日本人徴用者

◆文大統領が三・一独立運動記念式で演説　日本に「真の反省」求める
（2018・3・1朝鮮日報）

【ソウル聯合ニュース】韓国の文在寅（ムン・ジェイン）大統領は1日、日本の植民地支配に抵抗して1919年に起きた三・一独立運動を記念する韓国の「3・1節」の記念式典に出席し、独島と旧日本軍の慰安婦問題に対する日本政府の態度を批判し、真の反省を求めた。

日本に向かった徴用者は非常に少ない事が分かっています。

「日本人の海外活動に関する歴史調査」というものがありますが、それによると１９３９年より１９４５年までの朝鮮人移入労働者は72万４７２７人となっています。ですが、南朝鮮が使用していた国定教科書には６５０万人が強制徴用されたと書かれていました。

ご存知の通り、戦時徴用が朝鮮半島に適用されたのは昭和19（1944）年9月から20（1945）年3月までの僅か7カ月に過ぎませんが、南朝鮮は自発的な出稼ぎや徴用があった時期の拡大に拡大を重ねて650万人にまで膨らませたのです。

ですが、この時期の徴用対象者である朝鮮人男性人口は350万人に満たないのですから、どうやって650万人も連れて行ったのか永遠の謎としか言えないのです。

『朝鮮経済統計要覧』によると1944年、関釜連絡船を利用して渡日した朝鮮人の数は、37万9747人。その年の4月には旅行諸制度が実施された事もあり、仮に均等割だとしても9万5000人弱、実際は1945年3月まででもその半数にも満たないでしょう。

徴用はあった。ですが、それは当時の日本人の義務でした。また、朝鮮系日本人は日本人よりも優遇され徴用期間は日本人よりも非常に短く、そしてその人数も少ないものだったのです。

ところが、南朝鮮政府は国民を強制連行して国民を西ドイツに送り込んでいた時代があります。

１９６３年から１９７８年まで炭鉱労働者７９８３人を含む坑夫７万９０００人、そして１９６６年から１９７６年にかけて看護婦１万１０５６人を西ドイツに送り込んだのです。

これは１９６１年に西ドイツとの間に締結された「大韓民国政府とドイツ連邦共和国間の経済及び技術協力に関する協定」によるもので、１億５０００万マルクの支援に対する担保として、国民を売ったのですね（念のため、２００８年の裁判ではこれを否定はしましたが状況的に国民を売った事には変わりはないのです）。

日本の徴用では大金を手にして、家族を呼び寄せるほど彼らは潤いました。ですが、ドイツでは南朝鮮国内よりも好待遇ではあったものの家族を呼び寄せるほどではなかった。さて、当時の日本政府と南朝鮮政府、どちらの方が朝鮮人労働者にとって適切な労働者の募集だったのか。

言うまでもなく、日本政府の方がはるかに労働者寄りの募集を行っていたのです。

真の反省をすべきは文在寅、あなた達、南朝鮮側なのですよ。

（韓国にとって最大の徴用先はドイツ　２０１８・３・１）

あとがきに代えて　－日韓両国間の平和を願い－

日韓両国間の平和を願い続けた金田氏。氏のブログより2点をご紹介し「あとがき」とさせて頂きます。

天長節を迎え、金田が想うこと（2016・12・25）

一年の中で金田が最も幸せな日、それがこの時期です。
何せ、天長節とクリスマスが同時にやってくるのですから。
天長節、おめでとうございます。これほど喜ばしい日はそうはありません。

昭憲皇太后　御製
「みがかずば玉の光はいでざらむ　人のこころもかくこそあるらし」

この御製は天長節やクリスマスとは全く関係のないものではありますが、新たな年を迎える節目に常に心に留め、引き締めていくために一度は口ずさみたい御製だと思います。人の心も宝石同様、磨かなければ光らない。

金田は、この一年、自らの魂を磨いていたのか。そう自問し、新年は磨き残しがないよう、自らを律し、魂の光を曇らせないようにしたいと願っています。

南朝鮮では、現在、他人の魂の光を消し去る事に執着しています。

いえ、以前からでしたが、現在はそれがより酷くなっているのです。人の魂の輝きを曇らせても自らの光が強くなる事はありません。それどころか、より社会が暗くなり、不安が増大するだけです。

クリスマスを迎えました。

キリストは世を照らす光でしたが、そのキリストを信じるハズのキリスト者が多い南朝鮮では、社会を照らす光を消し去りました。闇は進むべき道を誤らせます。今、この時期にも南朝鮮はどんどん進んではいけない道に進んでいく事でしょう。

日本を照らす光は天照大御神を祖とする天皇・皇后両陛下です。日本が誤った道に進まないために輝き続けて欲しいと願うばかりです。午前にでも参拝し両陛下の健康と益々の平安を願いたく思います。日本がこれからも輝き続けるために、微力ながら日本のために貢献し続けていきます。

新年明けましておめでとうございます（2015・1・1）

今日、元日は日本では戦前まで、四方節と呼ばれておりました。

これは一年の無病息災と豊作を祈るための行事で、今でも天皇陛下が全ての国民のためにご祈念してくださっています。恐らく、世界を見ても国民のために祈ってくれるエンペラーがいる国はそうないでしょう。本当に感謝の一念です。

本当はこの日も東京に、とは思ったのですが、先月行ったばかりということもあって、今年も住吉大社に初詣に行きたいと思います。

私にとって初詣とは、去年の一年間無事に過ごせた感謝と今年の無病息災などを祈ると共に、日本に住まわせてもらっている感謝と日本の発展、そしてこれは難しいかもしれないけど、両国の平和的関係への発展を願う日でもあります。

私の祖国は日本であると考え、日本のために尽くしてきましたが、年老いた両親を見ていると、日本も、そして朝鮮も共に愛していることが分かります。その両親の姿を見るにつけて両国間の平和を願いたくなるのです（だからといって、南朝鮮に利益を、とは考えませんが）。

今年も両国間は更に厳しくなるでしょうし、思想統制もより強力になっていくようですから叶わぬ希望だと分かっています。

それでも朝鮮人に「正しい歴史認識」を伝えることができるのは、同じ朝鮮人しかいないのだと思います。

今年も、少しでも多くの同胞にも読んでもらえるよう頑張りたいと思います。

※この本の印税について出版社と協議した結果、著者への印税支払いはなしとし、代わりに相当額を南朝鮮の理解を深めるための出版費用（この書籍のではありません）に充てることとなりました。また、日本国内における被災地への義援金として出版社を通して日本赤十字社に募金させて頂くことになっております（書籍売上の１％、増刷があった場合は書籍売上の３％に相当する金額）。

金田正二（かねだしょうじ／ペンネーム）

元在日朝鮮人３世の帰化人。勤務していた日本の大手企業では、一切の差別を受けることなく役職にまで就き、定年退職するまで勤め上げた。

父より日本に溶け込むよう教育を受け、高校までは日本の学校で学んだが、自虐史観で習った日本に誇りを持てず、祖国・韓国に淡い期待を抱き、ソウルの大学で学び、兵役も務めた。ところが、同胞と思っていた南朝鮮人から「在日は裏切り者だ！」と差別され続けたことで、自分の祖国は日本であったことに気づく。帰国後、南朝鮮で習った歴史と日本で学んだ歴史の違いを資料にあたり、南朝鮮で習った歴史が真史ではない事を確信。

爾来、韓国と在日社会のおかしさを正すため、在日同胞や南朝鮮の親戚たちに地道に語り続けてきた。日本への恩返しの思いも込めたブログ『在日朝鮮人から見た韓国の新聞』では、自身と周囲の安全のため金田正二というペンネームで、日本人では決して知り得ないであろう記事の真相を在日３世ならではの視点から鋭く解説。ブログランキングで常に上位をキープし、2017年末には訪問者1000万人を突破した。Twitterでは、帰化日本人活動家として「反慰安婦活動」も行っていた。著書『差別された韓国で気づいたふるさと日本』（桜の花出版）は、多くの反響を呼んでいる。

持病で体調不安定な中にあっても、日本と韓国の真の友好を願って活動を続けてきたが、2018年末、惜しまれながらこの世を去った。


八欲が韓国人を衝き動かす！

日本は歴史の真実を世界に宣明せよ！

2019年12月 20日　初版第1刷発行

著　者　金田正二

発行者　山口春嶽

発行所　桜の花出版株式会社
〒194-0021　東京都町田市中町1-12-16-401
電話 042-785-4442

発売元　株式会社星雲社
〒112-0005　東京都文京区水道1-3-30
電話 03-3868-3275

印刷・製本　株式会社シナノ

 ISBN978-4-434-26975-2 C0036